Sach- und Lachbuch

Thomas Tressel

MEHR
VERANTWORTUNG
WAGEN

Warum
Corporate Social Responsibility
mehr ist als nur drei Wörter

Bibliografische Information der Deutschen Nationalbibliothek:

Die Deutsche Nationalbibliothek verzeichnet diese Publikation in der Deutschen Nationalbibliografie; detaillierte bibliografische Daten sind im Internet über http://dnb.dnb.de abrufbar.

Lektorat: Christian Schweizer

Umschlaggestaltung: Thomas Tressel

Herstellung und Verlag: BoD – Books on Demand, Norderstedt

ISBN: 978-3-7557-7468-6

Inhalt

Nicht die Taten sind es, die die Menschen bewegen,
sondern die Worte über die Taten.
(Epiktet)

Prolog

Die Idee zu diesem Buch hatte ich bereits in den Hochzeiten des „Dieselskandals". Häufig fiel in der Berichterstattung damals auch der Begriff „Corporate Social Responsibility". Was damit gemeint ist, werde ich in einem späteren Kapitel ausführlich erläutern. Dieses Buch soll aber weder eine fundierte Auseinandersetzung mit dem Thema Corporate Social Responsibility (CSR) noch eine fundamentale Aufarbeitung des Dieselskandals sein. Vielmehr versuche ich, anhand von aktuellen Beispielen die Kommunikation rund um Corporate Social Responsibility und die Beweggründe der Unternehmen für ihr Handeln zu entschlüsseln, um am Ende die Notwendigkeit einer strategischen Implementierung der unternehmerischen Verantwortung gegenüber der Gesellschaft, die über das gesetzlich geforderte Maß hinausgeht, entlang der gesamten Wertschöpfungskette aufzuzeigen. Langer Satz, aber der musste zu Beginn sein.

Speziell im sogenannten Dieselskandal, wie der Skandal um die Verbrauchertäuschung durch Automobilkonzerne in der Presse sehr häufig genannt wird, spielte sich vieles nur an der Oberfläche ab. Halbwahrheiten und Halbweisheiten wurden so lange in Talkshows, Tageszeitungen, Boulevardblättern mit vier oder weniger Buchstaben und an den Stammtischen der Nation[1] ventiliert, bis daraus vermeintliche Tatsachen entstanden. Oftmals wurde die Kommunikation auch dahingehend gesteuert, dass am Ende nicht die Hersteller der Autos und somit die Verursacher des Skandals die Schuldigen waren, sondern „die Politiker" und, weil es so schön zum Thema Umwelt- und Verbraucherschutz passt, die Grünen. Der Logik der Stammtische und des Boulevards folgend sollen nämlich die Grünen daran schuld sein, dass es drohende Fahrverbote in verschiedenen großen deutschen Städten gibt und dass der Diesel nicht mehr verkaufbar (oder je nach Sicht kaufbar) ist.

Wenn man aber einen Blick hinter die Nachrichten wirft und sich weiterführende Informationen in unabhängigen wissenschaftlichen Abhandlungen zum Thema besorgt, kann man gerade hierbei bestimmte Muster der Kommunikation und Verhaltensweisen der PR-Abteilungen gut ablesen. Vielleicht ist es Ihnen auch so ergangen, dass Sie die plötzlich offerierte Umweltprämie der Autohändler als ein tolles, nachhaltiges Engagement der Automobilwirtschaft für die Umwelt angesehen haben. In großen Lettern stand da kurz nach Bekanntwerden der ersten Dieselmanipulationen in Zeitungsanzeigen und auf Litfaßsäulen: „Umweltprämie sichern!" Meist versehen mit einer Aufforderung „JETZT" zu handeln, um bis zu X Tausend Euro für den alten Diesel-Stinker zu erhalten, der wohlbemerkt vor ein paar Jahren als neueste Technologie verkauft wurde. Rein zufällig taucht in der Werbung dann auch noch die Farbe Grün auf, um auch dem letzten Zweifler zu signalisieren: Das ist alles nur für die Umwelt und nicht etwa eine Möglichkeit – steuerfinanziert – die Anzahl der Stinker in Deutschland zu verringern, den eigenen Absatz zu steigern und die Notwendigkeit von Nachbesserungen an bereits verkauften Fahrzeugen zu minimieren.

Die öffentliche Diskussion folgt klaren Regeln: Anfangs geht es um die Abgasskandale von VW und anderen deutschen Automobilherstellern, kurze Zeit später kommen noch die Kartellvorwürfe gegen die gesamte deutsche Automobilindustrie hinzu. Am Ende geht es in der Öffentlichkeit aber fast nur noch um die Arbeitsplätze in der Automobil- und Zulieferindustrie, die nicht verloren gehen dürfen, und um den kleinen Handwerker, der mit seinem Transporter nicht mehr in die Städte reinkommt, weil die Grünen und die Deutsche Umwelthilfe es so wollen.

Keine Diskussion mehr über Konzerne, die eigentlich die Verbraucher betrogen und belogen und so diesen Skandal überhaupt erst verursacht und damit leichtfertig Arbeitsplätze und Vertrauen aufs Spiel gesetzt haben.

Clever ist es von den Automobilkonzernen allemal, die aufkommende Kritik vermeintlich aufzunehmen und durch geschicktes „Framing"[2] der PR-Abteilungen den Diskurs zu verändern. Denn „Dieselskandal" und „Schummel-Software" hören sich in der Kommunikation doch wesentlich besser und geschmeidiger an als „VW-, BMW- oder Mercedesskandal" oder gar „Schummel-Software zur Maximierung der Unternehmensgewinne".

All das und meine Erfahrungen in persönlichen Gesprächen mit vielen Menschen haben mich dazu inspiriert, diese Gedanken niederzuschreiben, und zwar mit der Absicht das Phänomen Corporate Social Responsibility einfach und in einer lockeren Art und Weise einer breiteren Leserschaft zu präsentieren. Am Ende, oder im besten Fall schon während der Lektüre, sollten die Leser[3] dann in der Lage sein, auch eigene Beispiele aus der Wirtschaft in Bezug auf soziale und ökologische Belange zu beleuchten und zu bewerten.

Erwarten Sie trotz einiger Anmerkungen und Verweise auf wissenschaftliche Schriften, die Sie im

Endnotenapparat finden, bitte keine wissenschaftliche Abhandlung. Nichtsdestotrotz kann und will ich Ihnen den einen oder anderen Ausflug in die Wirtschafts- oder Kommunikationswissenschaft, ja selbst einen Rückblick in die jüngere Geschichte nicht ersparen. Und weil es chronologisch passt, fangen wir auch gleich in der Vergangenheit an. Denn bekanntlich war früher ja eh alles besser.

Kapitel 1

Früher war alles besser – sogar die Zukunft!

Früher war alles besser: Die Müslifresser und Langhaarigen sind in ihren buntbemalten VW-Bussen und selbstgestrickten Pullis zu Protestcamps gefahren und spätestens die „ATOMKRAFT? NEIN DANKE"- und die überdimensionalen „Peace"-Aufkleber verrieten die politische Gesinnung. Persil wusch unsere Wäsche weißer und wir besprühten unsere Haare mit „Drei Wetter Taft" von Schwarzkopf, das bei jedem Wetter hielt, ob in Hamburg, München oder Mailand.[4] Die Fronten waren klar absteckt: ein paar Ökospinner gegen den Rest der Republik. Es war damals einfach egal, wie viel Dreck aus dem Auspuff und den Industrieschornsteinen kam, wie viel petrochemische Tenside im Waschmittel waren, oder welches Gas in den Haarspraybehältern für das Ozonloch verantwortlich war – mal ganz abgesehen von den ökologischen Auswirkungen eines Privatfluges für eine toupierte Frau von Hamburg über München nach Mailand. Karl der Käfer wurde schneller nicht mehr gefragt, als es dem Liedermacher lieb war, und unser Freund der Baum, der eh schon tot war, geriet durch die Dauerberieselung mit seichter Unterhaltungsmusik langsam in Vergessenheit, denn plötzlich wurde nur noch der Nippel durch die Lasche gezogen und Matthias Reim verdammte uns zum Lieben – oder auch nicht. Der kollektive deutsche Einheitstaumel wurde durch die Scorpions und das Pfeifen des „Wind of Change" unterstützt, die sterbenden Wälder von Helmut Kohls CDU mit der Aussicht auf blühende Landschaften überdeckt.

2006 folgte dann das Sommermärchen und der kollektive Jubel entflammte wieder. Und rückblickend muss man zugeben, dass alles super organisiert, aber, wie sich später herausstellte, nicht alles legal abgelaufen war. Parallelen zur deutschen Automobilindustrie sind nur rein zufällig. Aber nichtsdestotrotz schien da die Welt noch in Ordnung und sogar die Rente sicher!

Spätsommer 2017. Ein paar Wochen vor der Bundestagswahl in einem kleinen Bio-Laden, einem integrativen Betrieb mit Bioland-Zertifikat. Die Welt sieht mittlerweile hinsichtlich der Einstellung der Bevölkerung gegenüber der Umwelt (und ganz nebenbei auch gegenüber der Rente) etwas anders aus. In den Bioläden kaufen schon längst nicht mehr nur die überzeugten Ökos mit Rastazöpfen und selbstgestrickten Pullis ein, sondern auch die Typen, die als LOHAS vor allem den Marketingexperten wohlbekannt sind.

LOHAS, die Abkürzung steht für „Lifestyle of Health and Sustainability", das sind für alle Nicht-Marketingmanager übersetzt: „Personen, die einen Lebensstil pflegen, der von Gesundheitsbewusstsein und -vorsorge, sowie der Ausrichtung nach Prinzipien der Nachhaltigkeit geprägt ist."[5] Soweit auf jeden Fall die Erklärung auf Wikipedia.

Das stinkende Auto wurde zwischenzeitlich durch den SUV (Sport Utility Vehicle) ersetzt, der es dem Großstadtbürger durchaus ermöglichen würde, als Traktorersatz die Ernte auf dem Feld des Biohofes eigenständig einzubringen. Das ist aber nicht möglich, weil schon der 12-Stunden-Arbeitsalltag die zeitlichen Ressourcen auffrisst und somit die Work-Life-Balance aus dem Gleichgewicht geraten würde. Also dann lieber vor dem Workout im hippen Fitnessstudio noch schnell in den Bioladen. Denn ein paar gesunde Bioprodukte passen ins Lebensgefühl und beruhigen das gesunde und nachhaltige Gewissen. Echte LOHAS eben, deren nachhaltiger Lebensstil sich nicht durch Verzicht definiert, sondern durch guten und bewussten Konsum.

Aber zurück zum Wahlkampf 2017. Ein großes Thema aller Parteien: Mobilität. Aber nicht mehr die

Mobilität der 70er und 80er, die mit dem stinkenden Mercedes /8 oder dem klapperigen VW Käfer. Nein! Heute geht es um nichts weniger als Verbrennungsmotoren versus alternative Antriebe. Es ist wohl zwei oder drei Wochen vor der Wahl. Eigentlich denke ich mir nichts Großartiges dabei, als ich beim Smalltalk über die aktuelle politische Großwetterlage an der Kasse in meinem Bioladen etwas Negatives über den Verbrennungsmotor sage und im Gespräch auf alternative Antriebe wie Strom oder Wasserstoff hinweise. Bis zu diesem Zeitpunkt hatte ich es eigentlich auch grundsätzlich vermieden, beim Einkauf an der Kasse stehend politische Diskussionen zu führen. Aber im Bioladen – und der kühnen Annahme folgend, dass ich mich unter Gleichgesinnten befinden und Zuspruch erfahren würde – behauptete ich jetzt, dass man eigentlich in diesem Punkt nur die Grünen wählen könne. Ich hatte zwar keinen frenetischen Applaus erwartet, aber mir eine gewisse Zustimmung schon erhofft. Ein wohlmeinendes Nicken hätte mir auch schon ausgereicht.

Aber weit gefehlt. Die Reaktionen reichten von „Das, was die Grünen wollen, ist doch auch nicht gut, die wollen uns das Dieselfahren verbieten …", über „Der Verbrennungsmotor ist doch so effizient …, …und dann wollen die uns den Verbrennungsmotor auch noch irgendwann ganz verbieten…" bis hin zu „Die mit ihren Fahrverboten, wie soll denn der kleine Mann dann in die Stadt kommen…" Nach einer kleineren Diskussion über die Mobilität der Zukunft hatte ich dann den Bioladen schnell und heftig nickend – allerdings nicht zustimmend – verlassen und meine selbstgebastelte „Bioladenmarketingzielgruppenanalyse" brach innerhalb weniger Sekunden in sich zusammen.

Zuhause angekommen machte ich mir Gedanken, „googelte" schnell noch mal den Begriff LOHAS und las im Wahlprogramm der Grünen nach, ob ich vielleicht etwas Wesentliches übersehen hatte oder vielleicht einfach im falschen Film war. Auf der Suche nach Fahr- und Dieselverboten wurde ich nicht fündig. Unter der Überschrift „Das Auto der Zukunft fährt ohne Abgase" fand ich dann Sätze wie: „Selbstverständlich werden wir auch morgen noch mit Autos unterwegs sein" – na ja, schon mal beruhigend. Die Grünen wollen, „dass zukunftsfähige Fahrzeugtechnik weiterhin in Deutschland entwickelt und produziert wird", aha, auch gut für die Arbeitsplätze, und „ab 2030 sollen nur noch abgasfreie Autos neu zugelassen werden". Alles also gar nicht so schlimm, ist ja auch noch 13 Jahre hin (jedenfalls zum besagten Zeitpunkt). Ich sehe in dem, was man in dem Programm der Grünen zur Bundestagswahl 2017[6] über Mobilität liest, keinen gravierenden Einschnitt in mein selbstbestimmtes Autofahrerleben.

Okay. Auch ich fahre ein Auto. Auch ich will von A nach B kommen, ohne bei Wind und Wetter mit zerzausten Haaren auf irgendwelche Busse oder Bahnen warten zu müssen (ich nutze schließlich kein Haarspray), die entweder verspätet oder gleich gar nicht fahren. Auch ich bin, wenn man so will, ein Homo Automobilicus – immerhin bin ich in dem Bundesland mit den gefühlt meisten Autobahnkilometern je Quadratkilometer Landesfläche, den meisten Beschäftigten in der Automobilindustrie pro Einwohner und der höchsten Automobildichte in der Bundesrepublik Deutschland geboren und aufgewachsen. In jedem „Bundesländer-Quartett" hätte ich beim Thema „Auto" mit dem Saarland die besten Karten auf der Hand und das sind sicherlich für Auto-Enthusiasten schöne Superlative. Aber auch hier habe ich die Verantwortung nicht nur meinem Sohn, sondern den ganzen nachkommenden Generationen gegenüber, eine saubere und lebenswerte Umwelt zu hinterlassen. Und ja, in meinem Bundesland wäre man sicherlich stolz gewesen, das Automobil erfunden zu haben, wenn uns da nicht die Baden-Württemberger und ihr Mannheimer Automobilpionier Carl Benz zuvorgekommen wären. Die eigentlichen Erfinder der „verantwortungsvollen Mobilität" waren aber tatsächlich dann doch seine geistigen Enkel, wenn man folgenden Aussagen Glauben schenken mag:

„Als Erfinder des Automobils hat verantwortungsbewusste Mobilität über die gesamte Wertschöpfungskette für uns hohe Priorität."[7]

„Wir stehen vor einem fundamentalen Wandel, der weit über neue Motoren hinausgeht."[8]

„Wir wollen dauerhafte Werte schaffen, gute Arbeitsbedingungen bieten und sorgsam mit Umwelt und Ressourcen umgehen."[9]

„Nachhaltigkeit – nicht nur bei unseren Fahrzeugen, sondern in der gesamten Wertschöpfung – betrachten wir als Voraussetzung für die individuelle Mobilität von morgen sowie für deren Akzeptanz in der Gesellschaft."[10]

Hört sich an wie Werbung, und genau genommen ist es auch Werbung. Und zwar Werbung in eigener Sache. Nein, nicht für die Grünen im Parteiprogramm, sondern, wie man dem Endnotenapparat unschwer entnehmen kann: für die Automobilindustrie.

Wie war das noch mal mit den LOHAS? Gesundheit und Nachhaltigkeit? Marketing hat zwar in den „Sustainability Reports" nichts zu suchen, aber so lesen sich die Nachhaltigkeitsberichte der drei größten deutschen Automobilhersteller, immerhin nach den USA und China die größten Automobilproduzenten der Welt. Dass aber die Wirtschaft den Zusammenhang längst begriffen hat, schreibt BMW gleich in der Einführung des Sustainable Value Reports 2016:

„Nachhaltigkeit ist nicht nur zu einem Erfolgsfaktor für unternehmerisches Handeln geworden. Immer stärker verbirgt sich dahinter auch eine Frage des individuellen Lebensstils. Ein solcher Lebensstil wird als Bereicherung empfunden und ist eine bewusste Entscheidung vieler Menschen in aller Welt. Wie viele Emissionen ein Fahrzeug emittiert und welche Rohstoffe und Materialien bei der Herstellung verwendet werden – diese und weitere Gedanken beeinflussen heute die Kaufentscheidung vieler Kunden."[11]

Verantwortungsbewusst sein, **fundamentale Umbrüche** mit riesigen **Chancen** meistern und damit **dauerhafte Werte** schaffen und sogar noch sorgsam mit der **Umwelt** umgehen. Das sind gleich vier Dinge auf einmal. Grüner würde es in einem grünen Wahlprogramm auch nicht stehen können und das Handbuch der Weltverbesserer könnte man sicherlich nicht verantwortungsvoller schreiben, wenn es eines gäbe.

Verantwortungsvolle Mobilität. Das bewegte mich und meine kleine Familie im Jahr 2010 dazu, einen drei Jahre alten VW Passat TDI zu kaufen: Viel Platz für den Kinderwagen, gute Leistung, um den Urlaubsort in Oberitalien zu erreichen – da muss man ja schließlich über die Alpen –, und trotz der hohen Berge nur ein Durchschnittsverbrauch von 6 Litern Diesel auf 100 Kilometer. Das konnte sich sehen lassen. Das Gewissen war beruhigt, schließlich wollten wir ja auch sorgsam mit der Umwelt und unseren

Ressourcen umgehen. Die Mobilität der Zukunft war das sicherlich noch nicht ganz, aber ein Stück in die richtige Richtung waren wir auf jeden Fall unterwegs, so dachten wir damals. Doch schon bei der ersten großen Fahrt mussten wir einen ungeplanten Stopp in der Schweiz einlegen. Kurz vor dem Gotthardtunnel machte der hochgezüchtete und wahrscheinlich fein abgestimmte Motor erste Zicken. Die Luftzufuhr zum Turbo war aber nur der erste Grund für immer öfter aufblinkende Warnkontrolllämpchen und längere Aufenthalte in der VW-Werkstatt. Danach folgten alle Pumpe-Düse-Einheiten und zuletzt machte nicht der Dieselskandal unserem Auto den Garaus, sondern die Wasserpumpe, die den Passat in den Autohimmel oder vielmehr – und wahrscheinlicher – in den Libanon oder nach Ostafrika schickte.

Der wirkliche Skandal um den Diesel und die erhöhten Emissionswerte nahm 2014 so richtig Fahrt auf, als wir unseren Passat zwar noch hatten, aber zu diesem Zeitpunkt emotional mit der Marke VW eh durch waren und unser Motor sowieso nicht betroffen war.

Wie fing der Dieselskandal aber wirklich an: Die West Virginia University und das amerikanische Forschungsinstitut *International Council on Clean Transportation* stellten in einer Studie fest, dass erhöhe Emissionswerte bei einigen Volkswagen-Modellen in den USA auftraten. Verantwortliche Mobilität wurde wohl mit deutscher Ingenieurskunst gleichgesetzt und eine ausgeklügelte Abschaltautomatik trickste die Abgasmessung einfach aus. Da benötigt man doch eigentlich keine Weltklimakonferenzen, schienen sich wohl einige findige Manager und Ingenieure der Automobilkonzerne gedacht zu haben. Klimaschutz geht doch viel einfacher und ist noch dazu wirtschaftlich lukrativ. Auf den ersten Blick vielleicht.

Aber in Zeiten des Klimawandels und dessen Bedeutung für immer mehr Konsumenten – wir erinnern uns hier noch mal kurz an die LOHAS und die dennoch stattfindenden Weltklimakonferenzen – wird es für Unternehmen – nicht nur in der Automobilindustrie – immer wichtiger, soziale und ökologische Belange in ihrer Strategie zu implementieren. Heute nennt man das, weil man ja für alles englische Begriffe benötigt: Corporate Social Responsibility, kurz CSR.

Kapitel 2

CSR – Typenbezeichnung oder doch ansteckende Krankheit?

Golf CSR, BMW 520 CSRi oder Mercedes C500 SR? Hört sich zwar nicht schlecht an, aber in Wirklichkeit handelt es sich bei CSR weder um die Typenbezeichnung diverser deutscher Luxuskarossen noch um eine ansteckende Krankheit.

Corporate Social Responsibility „soll den Unternehmen als Grundlage dien[en], auf freiwilliger Basis soziale Belange und Umweltbelange in ihre Unternehmenstätigkeit […] zu integrieren".[12] Schaut man sich die Zielsetzungen der Marketingzielgruppe der LOHAS an – eine faire Gesellschaft, Wahrheit, Gerechtigkeit, gesunde Umwelt, gesunder Körper und der Einklang zwischen Geist und Seele –, erkennt man unschwer Gemeinsamkeiten zwischen CSR und LOHAS. Das Unternehmen macht Gewinn, die Kunden profitieren und die Umwelt wird auch noch geschont. Wenn man also Corporate Social Responsibility ernst nimmt, ist es eine Win-win-win-Situation.

Waren es ja früher nur die Anteilseigner (Sharehol-der), die Forderungen an die Unternehmen richteten, so sind es heute im verstärkten Maße viele weitere Anspruchsgruppen (Stakeholder), die mehr Berück-sichtigung für ihre Belange einfordern. Die Liste der Stakeholder kann nahezu unendlich lang sein und jedem würden sicherlich selbst Dutzende einfallen: Parteien, Umweltschützer, allgemeine Öffentlichkeit, Kunden, spezielle Interessensgruppen, usw. Sie for-dern immer öfter ein größeres Engagement der Un-ternehmen in sozialen und ökologischen Belangen. Einige Fachleute sind sich sicher: Die Erfüllung die-ser Anliegen wird in einem komplexen wirtschaftli-chen und globalen Umfeld immer mehr zu einem Erfolgsfaktor werden.

Erfolgsfaktor Verantwortung in Zeiten des Klima-wandels. Und wie reagieren die Unternehmen auf die veränderten Bedingungen? Die Antwort lautet immer öfter: Corporate Social Responsibility (CSR). Aber wird dieses Instrument auch richtig eingesetzt? Denn CSR als reines Kommunikationsinstrument und der Verweis auf einen Wertekanon oder eine strategisch ausgefeilte Werbekampagne mit mög-lichst vielen Umweltbegriffen kann nicht die richtige Antwort sein. Vielmehr haben die Unternehmen als Ganzes, nicht nur die internen PR- und Werbeabtei-lungen, eine Verantwortung für die Folgen ihres Handelns und können dieser Aufgabe auch nur durch eine systematische Integration in die strategischen und operativen Ebenen des Unternehmens gerecht werden.

„The social responsibility of business is to increase its profits" – mit dieser provokanten Äußerung vertrat Milton Friedman in der New York Times vom 13. September 1970 die Auffassung, dass soziales Engagement (und auch Engagement für die Umwelt) nicht zu den Aufgaben eines Unternehmens gehöre;[13] diese seien ausschließlich die Maximierung des Gewinnes. „The business of business is business", eine weitere Feststellung von Milton Friedman aus den 1970er Jahren, die seiner Auffassung nach aussagen sollte, dass die einzige soziale Verantwortung eines Unternehmens darin bestehe, den Gewinn und auf diese Weise auch die allgemeine Wohlfahrt zu maximieren, wovon dann die Gesellschaft profitiere. Eigentlich eine super Idee, denn die soziale Verantwortung des Unternehmens läge demzufolge nur darin, die Gesellschaft mit Waren und Dienstleistungen zu versorgen und mit der Versorgung einen Gewinn zu erzielen, der dann im besten Fall noch maximiert werden kann und soll.

Dieser Ansatz stammt wie gesagt aus den 1970er Jahren. Diejenigen von uns, die diese Zeit mehr oder weniger bewusst miterlebt haben, erinnern sich sicherlich an die soziale Verantwortung von damals:

stinkende Autos ohne Katalysator und ohne An-schnallgurte, Haarspray mit ozonschädlichen Treibmitteln und rauchende Schlote, nicht nur in den Stahlbetrieben an Rhein, Ruhr und Saar. Was da alles oben und hinten herauskam, wollten die meisten Bürgerinnen und Bürger damals lieber nicht wissen. Ich glaube sogar, dass es sowieso niemanden wirklich interessierte.

Größtmöglicher Gewinn für die Eigentümerfamilien und die Aktionäre, ein wenig Benefit für die Mitarbeiter und viele mehr oder weniger hübsche und nützliche Waren für die Konsumenten. Das war die einfache Formel für Wohlstand und alles war gut. Das Unternehmen als übergeordnetes Etwas, das tun und lassen kann was es will, Hauptsache der Gewinn wird maximiert, die Arbeiter sind beschäftigt, die Steuern werden bezahlt und die Waren für die Konsumenten in ausreichender Menge und zu bezahlbaren Preisen bereitgestellt.

Die Party war nach den Wirtschaftswunder-Jahren aber schnell vorüber; die Ölkrise Anfang der 70er Jahre des vergangenen Jahrhunderts bescherte den Bürgern autofreie Sonntage und der deutschen Industrie Produktionseinbußen sowie Kurzarbeit. Um Energie einzusparen, setzte man damals auf die Einführung der Zeitumstellung und den Ausbau der Atomkraft, um eine größere Unabhängigkeit vom Öl zu erreichen. Beides in der Rückschau nicht die allerbesten Ideen, aber kurzfristig konnte man die wirtschaftlichen Ängste der Bevölkerung vor nicht endender Dunkelheit und bitterer Kälte beruhigen und dadurch wenigstens Aktionismus vortäuschen.

In diesen Jahren des letzten Jahrhunderts wurden dann aber schon Forderungen an die Unternehmen laut, in denen nicht mehr nur die Bereitstellung von Produkten und Dienstleistungen eingeklagt wurde, sondern auch die Steigerung der Lebensqualität. Irgendwann war es wohl auch der geduldigsten Hausfrau zu viel, ihre Wäsche noch mal zu waschen, nachdem diese sich beim Trocknen im Garten oder auf dem Balkon wieder schwarz eingefärbt hatte, weil der Wind mal wieder aus der falschen Richtung wehte und den Dreck aus dem Stahl- oder Kohlekraftwerk herantrug. Nicht nur die Hausfrauen, sondern auch der Regen wurde mit der Zeit immer saurer. Dieser setzte unseren legendären und vielbesungenen deutschen Wäldern so zu, dass unsere sonntäglichen Spaziergänge oder zumindest der ein oder andere Bericht in den Nachrichten der Tagesschau einem Weltuntergangsszenario glichen.

In Folge dieser Entwicklungen wurden Unternehmen auch immer öfter für die Probleme der Umweltverschmutzung, Rohstoffverknappung und Ausbeutung der Arbeiter verantwortlich gemacht.

Das war auch nicht weiter verwunderlich, da viele Firmen ja auch alles nur Erdenkliche dafür getan hatten, dass man sie dafür auch verantwortlich machen konnte. Bereits in den 70er Jahren des letzten Jahrhunderts musste VW in den USA wegen ähnlicher Tricksereien wie im Jahre 2014 eine Strafe zahlen. Auch damals hatten US-amerikanische Behörden Abgassysteme aus Wolfsburg beanstandet.

Wegen solcher Erfahrungen und der immer lauter werdenden Rufe nach mehr Umweltschutz und sozialer Verantwortung mussten aus Sicht der Unternehmen gute Taten her, die mit eigenen Worten und eigenem Handeln die Verfehlungen der Konzerne übertönen konnten.

A new child was born – nämlich Corporate Social Responsibility. Das Konzept der CSR fußt nämlich auf der Annahme, dass Unternehmen über ihre eigenen Profitziele hinaus Verantwortung für die Folgen ihrer Geschäftätigkeit übernehmen. Im Unterschied zum Ansatz von Milton Friedman („The social responsibility of business is to increase its profits") wird das Unternehmen als Teil der Gesellschaft angesehen und steht nicht nur die Gewinnmaximierung im Vordergrund. Die Definition von Archie B. Carroll,[14] Wirtschaftsprofessor und Autor diverser Bücher über CSR, beschreibt die Erwartungen der Gesellschaft an ein Unternehmen mit der ökonomischen, juristischen, ethischen und freiwilligen Verantwortungsebene. Diese Verantwortungsebenen stellt Carroll in einer Pyramide dar.

Pyramiden sind ja bekanntlich nicht nur die letzten Ruhestätten von Pharaonen und ihrem Hofstaat, sondern auch in der Wissenschaft gerne gebrauchte geometrische Figuren zur Darstellung einer Hierarchie von einem Fundament, das alles trägt, bis zur Spitze, wobei die jeweils darüber liegende Ebene auf den unteren Ebenen aufbaut. Die bekannteste wirtschaftswissenschaftliche Pyramide ist sicherlich die „Bedürfnispyramide nach Maslow", die mit der untersten Ebene, der Ebene der Grund- und Existenzbedürfnisse, die Sicherstellung der Lebensbedingungen überhaupt beschreibt.

In der wissenschaftlichen Betrachtung des Themas CSR ist hingegen die „Vier-Stufen-Pyramide nach Carroll" eine anschauliche Art die Erwartungen der Gesellschaft an ein Unternehmen darzustellen. Vier Stufen deshalb, weil Carroll vier verschiedene Ebenen ausgemacht hat, nämlich die ökonomische, die rechtliche, die ethische und die philanthropische Verantwortungsebene.

An dieser Stelle möchte ich versuchen, diese verschiedenen Ebenen etwas näher zu erklären, da diese für eine glaubwürdige CSR meiner Meinung nach essentiell wichtig sind.

Stufe 1: Die ökonomische Verantwortung –
„Be profitable"

Als grundlegend bzw. „als Fundament wird die wirtschaftliche Leistung eines Unternehmens angenommen".[15] Kurz gesagt: Ohne Moos nix los bzw. ohne Gewinn ist auch keine Nachhaltigkeit möglich. Denn aus rein altruistischen Gründen wird wohl kaum jemand ein Unternehmen gründen.

Die wirtschaftliche Leistung gilt also als Voraussetzung, um die jeweils weiteren Verantwortlichkeitsebenen zu erfüllen und aufzubauen. Um das zu verdeutlichen, kommen wir zurück auf die Automobilindustrie und die Erfahrungen aus dem Dieselabgasskandal. Geld wird verdient – und das nicht zu knapp. Im Jahr 2016 machte VW ca. 7 Mrd. Euro Gewinn. Die Verantwortungsebene „Be profitable" wird also hier voll und ganz erfüllt, und um weiterhin so profitabel zu bleiben tun die Unternehmen aus der Automobilbranche viel – was ja per se nicht schlecht ist. Zur Unterstützung der wirtschaftlichen Potenz der deutschen Automobilwirtschaft kam der sogenannte Diesel-Gipfel der Bundesregierung (und der Automobilindustrie) am 2. August 2017 zu folgendem „bahnbrechenden" Ergebnis: Software-Updates durchführen und Kaufanreize schaffen.

Softwareupdates und Kaufanreize!?! Ja! Richtig gelesen. Für die 5,3 Millionen betroffenen Fahrzeuge bedeutet das bei 100 Euro Kosten für das Software-Update pro Fahrzeug eine Gesamtsumme von 530 Millionen Euro. Die Kosten für eine hardwarebasierte Lösung, die im Übrigen viele Interessensgruppen und Geschädigte damals gefordert hatten, hätten sich auf ca. 1500 Euro pro Auto belaufen – also knapp 8 Mrd. Euro für alle Automobilhersteller. Über den Daumen gepeilt und ohne Taschenrechner: eine Ersparnis von 7,5 Mrd. Euro. Das kann man doch getrost profitabel nennen – für die Verbraucher und die Umwelt vielleicht nicht, aber für die Automobilindustrie auf jeden Fall!

In den USA, wo der Skandal seinen Anfang nahm, einigte sich allein VW auf eine Strafzahlung von 4,3 Mrd. Dollar, die Kosten für Rückruf und Nachbesserung von betroffenen VW-Modellen noch nicht mitgerechnet. Noch einmal zum Mitschreiben oder vielmehr Nachrechnen: Softwareupdates in Deutschland: 530 Mio. Euro; allein Strafzahlungen – ohne die Nachbesserungen – in den USA: 4,3 Mrd. Dollar. Zudem dürften wahrscheinlich die Kosten für die Strafzahlungen und das Softwareupdate in Deutschland von der Steuer absetzbar sein, sodass VW noch in einer hohen dreistelligen Höhe Steuerzahlungen im hohen dreistelligen Millionenbereich an den deutschen Staat sparen könnte. Den Steuerausfall übernehmen ja dankenswerterweise die Steuerzahler, geteiltes Leid ist ja bekanntlich auch nur halbes Leid. Die Steuergesetze werden natürlich in diesem Fall gerne angewandt. Aber die Frage stellt sich, ob Gesetze eigentlich nicht grundsätzlich eingehalten werden sollten? Denn sie regeln schließlich das menschliche Zusammenleben in modernen Gesellschaften.

Deshalb ist es nicht verwunderlich, dass die nächste Ebene der Pyramide dann auch die Notwendigkeit der Einhaltung und Beachtung der vorhandenen Gesetze beschreibt.

Stufe 2: Die rechtliche Verantwortung – „Obey the law"

Die zweite Ebene der Pyramide ist die juristische Verantwortungsebene. Hier spielen Gesetze und Paragraphen eine wichtige Rolle. Die Unternehmen sollten den Gesetzen folgen und nicht, wie von vielen Unternehmensvertretern vielleicht gewünscht, an deren Entstehung oder Auslegung inhaltlich mitverantwortlich sein. Bei geltenden Gesetzen über Abgasnormen wäre doch beispielsweise ein solches Einhalten und Beachten von Gesetzen geboten, könnte man zumindest meinen. Vielleicht dachte der ein oder andere Manager oder Ingenieur ja auch nur, dass es niemandem auffalle, wenn man sich nicht an Gesetze halte. Oder noch besser, dass es sich bei den Obergrenzen um gut gemeinte Vorschläge für den Ausstoß von CO_2 und NOx handle, deren Einhaltung ja eh niemand überprüfen würde oder könne. Und wenn man doch wider Erwarten auffallen sollte, hat man ja schließlich hervorragende Kontakte in die Politik. Diese Verbindungen werden durch teure Lobbyisten gehalten, gepflegt und ständig aufgefrischt.

Gerade die deutsche Autolobby ist ohnehin sehr einflussreich unterwegs – nicht nur in Deutschland. Wahrscheinlich ist sie sogar die einflussreichste Lobby in Europa. Deutlich wird das für den interessierten Bürger, wenn man tagtäglich die nationale Presse verfolgt oder die einschlägigen Internetseiten öffnet, und nur folgende Überschriften und Zitate liest:

> 07.11.2015, Spiegel: „Täter und Komplizen: Im Volkswagen-Konzern war offenbar eine ganze Fälscherwerkstatt aktiv, auch die Verbrauchswerte der Fahrzeuge wurden manipuliert. Die Politik machte es dem Konzern leicht – weil sie viel zu lange als Lobbyistin der Branche agierte."[16]

> 17.02.2016, Lobbycontrol: „Abgasskandal: Autolobby setzt erneut Interessen in Brüssel durch".[17]

> 07.11.2017, Frankfurter Rundschau: „CO2-Vorschriften – Sieg für die Autolobby".[18]

> 2. August 2017, Zeit Online: „Was für eine peinliche Inszenierung – Für die einen gelten Gesetze, für die anderen werden Gipfel veranstaltet: Die Bundesregierung lässt die Autoindustrie im Dieselskandal viel zu billig davonkommen."[19]

Ganz anders die Stimmen von namhaften Politikerinnen und Politikern zum Thema Diesel:

> Brigitte Zypries, Bundeswirtschaftsministerin 2017: „Jetzt verteufelt nicht den Diesel, sondern haltet ihn hoch und entwickelt ihn lieber weiter."[20]

> Horst Seehofer, (damals) Bayerischer Ministerpräsident: „Eine Hexenjagd [den Begriff nutzte übrigens auch Donald Trump, um sich als unschuldiges Opfer darzustellen] gegen das Auto" und „Ein Verbot des Verbrennungsmotors legt die Axt an die Wurzel unseres Wohlstands".[21]

> 2. August 2017, Alexander Dobrindt, (damals) zuständiger Bundesverkehrsminister: „Ich bin ganz zuversichtlich, dass wir mit diesen Entscheidungen die Fahrverbote vermeiden".[22]

Diese Äußerung tätigte der damalige Bundesverkehrsminister nach dem Dieselgipfel im August 2017 und erklärte kurzerhand die Ergebnisse für gut. Hier noch mal zur Erinnerung: „Softwareupdate und Kaufanreize". Stellt sich halt hier nur die Frage: Cui bono?

Um den Dieselgipfel zu erklären, stellen Sie sich einfach mal folgende Geschichte vor, die vielleicht nicht so weit entfernt von der Berliner oder Brüsseler Politik ist:

Die Großschlachterei mit angeschlossenem Werkverkauf, nennen wir sie Hansi Wurscht GmbH,[23] verarbeitet jahrelang unbemerkt Gammelfleisch und sonstige ekelige Schlachtabfälle in der leckeren Fleischwurst für sagenhafte fünf Euro das Kilo. Ab und zu mal ein komisches Gefühl in der Magen- oder Darmgegend und manchmal auch in beiden Gegenden, das aber schließlich auch von den ungewaschenen Händen der Fleischereifachverkäuferin kommen könnte, die an der Fleisch- und Wursttheke ebenso aktiv und präsent ist wie an der Kasse. Wer wird da schon so penibel sein, der Laden muss ja nun mal Gewinn abwerfen (be profitable!) und der Kunde will schließlich schnell bedient werden. Ansonsten machen sich ja keine Beschwerden bemerkbar. Nun kommt eines Tages durch investigative Journalisten der Lokalpresse und einen „Kronzeugen" (einen gefeuerten Azubi im dritten Lehrjahr) heraus, dass der Metzgermeister in 3. Generation, Hansi Wurscht Junior, seit Jahren durch geschicktes Abschmecken mit Gewürzen den Geschmack von Gammelfleisch und gemahlenen Schweinepfoten in der geliebten Fleischwurst übertüncht hatte, um seinen Gewinn zu steigern. Nicht nur der Boulevardzeitung ist es eine Nachricht wert, sondern jeden Tag gibt es eine neue Enthüllung in der Lokalpresse. Was würden Sie als Verbraucher tun? Und was würden Sie in diesem Fall von den Aufsichtsbehörden erwarten? Richtig, sie würden wahrscheinlich keinen Fuß mehr in die Metzgerei von Hansi Wurscht setzen und würden eine Überprüfung der Umstände durch eine Fachbehörde mit anschließender Erhebung einer Anklage voraussetzen. Es wurden ja durchaus über Jahre hinweg die Verbraucher, also auch Sie, getäuscht.

Da es sich bei dem Metzgermeister aber um ein angesehenes Mitglied der Stadt, einen Arbeitgeber, Großspender der Parteien und Förderer des örtlichen Fußballvereins handelt, kommt es aber so, dass der Bürgermeister, der Beigeordnete für Recht und Ordnung, der Beigeordnete für Wirtschaft und Finanzen und die Verbraucherzentrale der Stadt zu einem „Wurstgipfel" einladen. Hierzu eingeladen: der allseits geschätzte Metzgermeister selbst, die Vertreter der Kaufmannschaft der Stadt, die um das eigene Image fürchten, wenn zu viel dreckige Wäsche gewaschen wird, und ein kleiner, wenn nicht sogar der kleinste Beamte der örtlichen Lebensmittelkontrolle.

Ergebnis nach dem Gipfel: „Die Schweinepfoten werden nicht mehr verarbeitet. Das Gammelfleisch wird einfach nicht mehr Gammelfleisch genannt und bei den Gewürzen wird zukünftig nachgebessert, was den Verbrauchern als durchschlagender Erfolg verkauft wird. Die Kunden bekommen zudem in der ersten Woche ein Stück Fleischwurst (100 Gramm) zum Einkauf ab einem Einkaufswert von 10,- Euro obendrauf.

Alle sind glücklich: der Bürgermeister, weil ein potenter Steuerzahler weiterhin brav seine Steuern bezahlt, die Beigeordneten, weil sie langwierige Rechtsstreitigkeiten und Arbeitslose vermieden haben, die eine mögliche Wiederwahl hätten verhindern können, der örtliche Fußballclub, weil die Sponsorengelder noch mal erhöht wurden, und die Kaufmannschaft, weil der drohende Imageschaden abgewandt wurde. Der Lebensmittelkontrolleur freut sich über die gereichten Mettwurst-Schnittchen und die willkommene Abwechslung in seinem tristen Alltagsleben.

Und der Kunde? Der freut sich über ein Stück Wurst!

Obwohl: Er könnte eigentlich auch den Metzger wechseln oder gleich Vegetarier werden. Dafür ist er aber zu lethargisch – und sowieso: Alles was neu ist, ist ja auch ein Wagnis. Und wer weiß, ob der andere Metzger nicht auch Dreck am Stecken hat? Deswegen bleibt man doch bei Altbewährtem und versucht schnell zu vergessen. Ist eh alles zu komplex – und sowieso: Früher war alles besser!

Gesetze werden also geändert und ausgelegt, so dass es letztendlich passt. Findige Unternehmer und ihre Juristen finden Schlupflöcher und somit ist das Recht scheinbar dehnbar. Und man hat manchmal den Eindruck, dass auf solchen Gipfeln auch gerade noch mitverhandelt wird, was ethisch ist und was nicht. Damit kommen wir dann auch zur dritten Stufe der Pyramide.

Stufe 3: Die ethische Verantwortung – „Be ethical"

„In der dritten Stufe wird [von den Unternehmen] die ethisch richtige Haltung gegenüber ihren Stakeholdern erwartet, um ungerechtes Handeln zu vermeiden."[24] Ethik als Kompass für das menschliche und unternehmerische Handeln, der uns anzeigt, ob der Weg, der eingeschlagen wurde, richtig oder falsch ist. Ist aber Ethik auch – wie oftmals angenommen wird – die Unterscheidung zwischen Gut und Böse? Eine allgemeingültige Definition, was Gut und Böse ist, gibt es nicht. Jede Gesellschaft definiert die Begriffe für sich und oftmals recht unterschiedlich. Was in der einen als Handeln akzeptiert wird, kann in einer anderen als unakzeptabel eingestuft und abgelehnt werden. Ethik und Moral geben der jeweiligen Gesellschaft eine Orientierung für das alltägliche Zusammenleben, sowohl im privaten als auch im geschäftlichen Bereich. Moral sollte aber nicht nur als notwendiges Übel angesehen werden, sondern eigentlich als eine unbedingte Notwendigkeit. Für die vielen Fakultäten der Wirtschaftswissenschaften sollte es kein Luxus sein, im Studiencurriculum mehr ethische Inhalte zu vermitteln.

Aber zurück zur Automobilindustrie und ihren Skandalen. Blickt man in den Blätterwald, könnte der Eindruck entstehen, dass die deutschen Automobilhersteller ethischer und solider kaum sein könnten. Eine Imageumfrage der Auto Zeitung ergab schon 2014:

> „Audi gewinnt in insgesamt zehn von 20 Kategorien und baut aus Sicht der AUTO ZEITUNG-Leser u.a. die Autos mit der höchsten Zuverlässigkeit und besten Verarbeitung. Auch beim Design hat Audi die Nase vorn, gefolgt von BMW und Porsche. Mercedes hingegen verteidigt erfolgreich seine Spitzenpositionen in punkto Sicherheit und Komfort. BMW baut aus Sicht der Befragten die fortschrittlichsten und umweltfreundlichsten Autos."[25]

Die Auflistungen der Jahre davor und danach sehen sicherlich nicht wesentlich anders aus. Wenn man das also liest und sich dann auch noch die Städte anschaut, in denen sich die Konzernzentralen befinden, spätestens dann kann niemand mehr ernsthaft glauben, dass die Automobilwirtschaft unethisch handeln könnte. Mercedes und Porsche in Stuttgart,

Volkswagen in Wolfsburg und BMW in München. Alle Städte sind schlechthin Inbegriffe deutscher Tugend und dem Image der deutschen Automobilindustrie garantiert nicht abträglich: fleißig, zuverlässig, pünktlich, reinlich und ehrlich.

Stuttgart ist bekannt für die Kehrwoche. Ein Relikt aus dem Stadtrecht von 1492, das Graf Eberhard im Bart aufgesetzt hatte: „Damit die Stadt rein erhalten wird, soll jeder seinen Mist alle Wochen hinausführen …"[26] So wird seit über 500 Jahren der Mist aus der Stadt gekehrt. Was aber der bärtige Graf damals mit Mist bezeichnete, ist heute sicherlich nicht mehr gemeint. Aber nicht nur die Reinlichkeit ist legendär, sondern auch der Erfindungsgeist – schließlich wurde das Automobil in Baden-Württemberg erfunden und Robert Bosch hat als einer der weltweit größten und in der Dieseltechnologie führenden Automobilzulieferer seinen Stammsitz in Stuttgart. Brisanterweise ist es gerade die Stadt Stuttgart, die durch die geografische Kessellage massiv von Dieselfahrverboten betroffen ist. Ironie des Schicksals! Aber das ist ja nicht so schlimm, schließlich wurde auch das Fahrrad in Baden-Württemberg erfunden. Not macht eben erfinderisch.

Wolfsburg: VW-Stadt. Nicht zu verwechseln mit der Autostadt. Dort gehen nämlich die VW-Kunden ihre Neuwagen abholen und können im hauseigenen

Museum noch die technischen Errungenschaften und die Design-Ikonen der Vergangenheit bewundern. An Wolfsburg fahren sogar manchmal die ICEs der Deutschen Bahn vorbei,[27] obwohl sie eigentlich halten müssten. Selbst der chronologischen Auflistung in der Ausgabe der „Wolfsburger Statistik Daten und Fakten"[28] zufolge passierte in der Stadtgeschichte zwischen dem Jahr 1302 (in diesem Jahr wird „Wolfsburg" als Sitz derer von Bartensleben erwähnt) und dem 26. Mai 1938 (an dem der Grundstein für das VW-Werk gelegt wurde) fast NICHTS. Der Zeitraum zwischen den Highlights wurde im Jahre 1798 jäh durch die Geburt von August Heinrich Hoffmann von Fallersleben unterbrochen, der später das Deutschlandlied dichten sollte – das allerdings auf Helgoland. Ansonsten gibt es über die Stadt Wolfsburg nichts Spektakuläres zu sagen. Normaler und unauffälliger geht es kaum noch.

München: Besitzerin der dreckigsten Straße Deutschlands. ZEIT Online betitelte am 20.02.2018 so die vielbefahrene Landshuter Allee. Aber sonst präsentiert sich die Stadt eher sauber, traditionell und gerne auch mal konservativ. Beim Oktoberfest werden Trachten und Dirndl nicht nur von Bayerinnen und Bayern getragen und auf der Parade fahren statt BMWs nur Pferdegespanne mit, auf denen sich die Bierbrauer und Schützenvereine den Münchnerinnen und Münchnern präsentieren. In der Stadt werden gerne Weißwürste gegessen, aber bitte nicht nach 12 Uhr und am liebsten mit einem Weißbier und einer Brezn. Die Weißwürste werden dann entweder urbayerisch gezuzelt, vornehm mit Messer und Gabel geschnitten oder – etwas lustiger aussehend – wie eine Banane gegessen.

Apropos Bananen: Am 29. Januar 2018 wurden Tierversuche mit Affen bekannt, die, nein, keine Bananen oder Weißwürste zu Essen bekamen, sondern Dieselabgasen ausgesetzt wurden, um marketingwirksam zu beweisen, dass diese gar nicht so gesundheitsschädlich seien. Die Tiere durften dabei immerhin Comics schauen, was für sie wohl nur ein kleiner Trost gewesen sein dürfte, gemessen an den Abgasen, denen sie ausgeliefert waren.

Das Ganze war unter dem Deckmantel der Forschung verborgen. BMW, Mercedes und VW hatten dafür clevererweise einen Verein gegründet. Der Name: Europäische Forschungsvereinigung für Umwelt und Gesundheit im Transportsektor (kurz EUGT). Als die Sache dann aufflog, distanzierten sich die einen, nämlich BMW und Mercedes, schnell von der Lobbygruppe. Der andere, VW, hatte das Pech, dass in dem amerikanischen Forschungsinstitut ein VW Beetle benutzt wurde, um die Affen beim Comiclesen toxikologisch zu vergiften. Im Übrigen trat ein nagelneuer VW Beetle gegen einen 20 Jahre alten Ford F 150 im Wettstreit der Abgassünder an. Ergebnis: Der alte Ford stieß weniger Schadstoffe aus als der neue VW. Zusätzlich schade für die Marketingabteilung, also für die von Volkswagen, nicht für die von Ford.

Dem noch nicht genug. An der Rheinisch-Westfälischen Technischen Hochschule Aachen (RWTH) wird nicht nur an der Zukunft der Elektromobilität gefeilt, sondern an der dortigen Uniklinik auch ein Abgastest an Menschen durchgeführt, gefördert von eben jener Europäischen Forschungsvereinigung für Umwelt und Gesundheit im Transportsektor (EUGT), getarnt als Studie zur Erforschung der Stickstoffbelastung am Arbeitsplatz. Hier stellt sich die Frage nach dem Sinn dieser Forschungsförderung für die Automobillobby und der internen Forschungsüberwachung der RWTH Aachen, die sich – leider erst im Nachhinein – missbraucht und getäuscht fühlte. Selbst der damalige VW-Chef Matthias Müller nannte die Abgastests „unethisch und abstoßend". Auch der Verband der Automobilindustrie verurteilte die Schadstofftests: „Hier zeigt sich einmal mehr: Technik und Wissenschaft müssen sich grundsätzlich im Rahmen des gesellschaftlich und ethisch Verantwortbaren bewegen. Diese Balance zu halten, ist eine ständige Aufgabe für jede Industrie. Ohne ethisches Fundament gewinnt man

keine Zukunft", ließ VDA-Präsident Matthias Wissmann verlautbaren.[29] Der Verband der Automobilindustrie, kurz VDA, versprüht ansonsten ein eher
biederes Image und setzt auch für die Zukunft auf
bewährte Automobiltechnik: nämlich den Verbrennungsmotor. Auf der Internetseite ist auch für alle
Interessenten nachzulesen, welchen Stellenwert die
Umwelt und der Klimaschutz beim VDA haben: „In
Deutschland wurde das Automobil – und zwar der
PKW, der LKW und auch der Omnibus – erfunden.
Und hier wird es mit Leidenschaft und Ingenieurskunst immer wieder neu erfunden, um Mobilität
noch sicherer, effizienter, komfortabler sowie
umwelt- und klimafreundlicher zu gestalten."[30] Umweltschutz rangiert hinter Sicherheit, Effektivität
und Komfort. Noch Fragen?

Beim VDA wird über die Jahre die perfekte Verzah-
nung zwischen Politik und Wirtschaft besonders gut
sichtbar. Prof. Dr. Gunter Zimmermeyer, bis 2003
langjähriger Geschäftsführer beim VDA wurde nach
seinem Abgang Ober-Lobbyist für Bosch in Brüssel
und Vorstandsvorsitzender der EUGT. Und der
langjährige Präsident des Verbandes (2007–2018),
Matthias Wissmann, hatte seine Profession von der
Politik zur Automobilwirtschaft verlagert. Wissmann war immerhin von 1993 bis 1998 Bundesverkehrsminister, bis 2007 Mitglied des Deutschen Bun-
destages und im Bundesvorstand der CDU. Man

kann also sagen, dass Herr Wissmann gut in der Politik vernetzt ist. Neben ihm gibt es aber auch noch weitere prominente Ex-Kollegen, wie zum Beispiel Eckart von Klaeden, seines Zeichens ehemaliger Staatsminister im Kanzleramt, der nur zwei Monate nach seinem Ausscheiden aus der Politik zu Daimler wechselte. Und man kann es sich schon denken: er verkauft keine Autos in der Niederlassung Berlin, sondern ist Leiter der Abteilung „Politik und Außenbeziehungen" der Daimler AG Stuttgart. Joschka Fischer, ehemaliger grüner Außenminister, ließ sich immerhin etwas mehr Zeit, beriet aber dennoch BMW bei der Entwicklung nachhaltiger Strategien des Automobilkonzerns, dies aber zumindest „nachhaltig". Der ehemalige stellvertretende Regierungssprecher (2002–2009) Thomas Steg, gut vernetzt in der niedersächsischen Politik (ehemaliger Pressesprecher des DGB Niedersachsen/Bremen, ehemaliger Pressesprecher im niedersächsischen Sozialministerium und ehemaliger Pressesprecher der Niedersächsischen SPD), war seit 2011 oberster Kommunikator und Cheflobbyist bei VW. Im Januar 2018 ist er dann kurzfristig zum Opfer der schon beschriebenen Abgastests mit Affen geworden. Nach einer internen Untersuchung konnte er im Juni 2018 aber wieder an seinen Arbeitsplatz zurückkehren.

Die genannten Personen sind nur eine kleine Auswahl und daraus die Prominentesten. Viele andere aus der Politik und unterschiedlichen Parteien arbeiten, beraten und protegieren die Autolobby auf verschiedenen Ebenen sowohl in Deutschland als auch auf europäischer Ebene in Brüssel. Hier sei aber der Fairness halber auch betont, dass keiner dieser Personen Fehlverhalten zu unterstellen oder Lobbyismus per se zu verurteilen ist. Gerade an diesen Beispielen lässt sich aber sehr gut beschreiben, dass viele hochkarätige, politisch gut vernetzte (Ex-)Politiker für die Automobilindustrie arbeiten.

Aber nicht nur Politiker arbeiten für Konzerne, sondern externe Berater arbeiten auch für Ministerien; eine vielleicht noch effektivere Möglichkeit für die Unternehmen und die Verbände. Sie schreiben nämlich selbst an Gesetzesentwürfen und Verordnungen mit und beeinflussen diese dadurch natürlich auch in ihrem Sinne. Über die Moral dieser Einflussnahme lässt sich auch trefflich streiten, sie wird aber immer wieder verteidigt als realitätsnahe Zuarbeit aus Wirtschaft und Verbänden, um Gesetze mit externem Fachwissen zu garnieren.

Und wenn alles nichts bringt? Die letzte moralische und ethische Keule gegenüber der Politik ist die Drohung massenhafter Verluste von Arbeitsplätzen. „Über eine halbe Million Arbeitsplätze gefährdet", titelte beispielsweise die Wirtschaftswoche am 27.07.2017 im Zusammenhang mit der Dieselproblematik.[31] Eine Umfrage zum Abgasskandal im Manager Magazin vom 31.07.2017 wiederum fragt: „Saubere Luft oder sichere Arbeitsplätze?"[32] Immerhin votierten über 50 Prozent für die saubere Luft.

Gerne lassen sich Politiker dazu hinreißen, besonders vor Wahlen, den Warnungen der Wirtschaftsvertreter vor Arbeitsplatzverlusten Nachdruck zu verleihen. Zu viel Klimaschutz gefährde angeblich heimische Arbeitsplätze. Für diese Art der politischen Einflussnahme hat die Wirtschaft auch einen unverfänglichen Begriff kreiert: Public Affairs. Wobei zu der ganzen Wahrheit auch gehört, dass Umweltverbände und nicht gewinnorientierte Interessensgruppen ebenfalls Public-Affairs-Arbeit leisten.

Stufe 4: Die philanthropische Verantwortung – „Be a good corporate citizen"

„Als letzte Stufe [in der Pyramide] wünscht sich die Gesellschaft, dass sich Unternehmen als gute Bürger verhalten und ihren Beitrag zu mehr Lebensqualität leisten",[33] zum einen durch freiwilliges soziales und zum anderen durch umweltpolitisches Engagement. In den meisten Fällen werden aber lediglich die Manager und Managerinnen „freiwillig" auf Kinderspielplätze gejagt, um imagewirksam die Schaukeln und Rutschbahnen zu reparieren, während – weitgehend unbeobachtet von der Weltpresse – afrikanische Kinder für uns das Kobalt abbauen, das wir für unsere Autoelektronik benötigen – im Übrigen nicht nur für Elektroautos.

Auf diversen Fortbildungen, neudeutsch „Incentives" genannt, werden der Umwelt zuliebe dann noch schnell hunderte von Bäumen gepflanzt und Kilometer um Kilometer auf Benefizmarathonveranstaltungen gelaufen, damit für jeden hart erkämpften Meter Geld für ein Wasserprojekt in Afrika gespendet werden kann. Afrika braucht schließlich Hilfe, weil der Kontinent ja am meisten unter dem Klimawandel leidet. Das unterwegs aber halb leere Plastikflaschen von diversen Sponsoren unbedacht in die Natur geworfen werden, scheint entweder niemandem aufzufallen oder niemanden zu interessieren. Nach der Veranstaltung wird schon jemand den tonnenweise produzierten Dreck wegkehren, der am Ende in den Weltmeeren landet. Aber dafür könnte man ja im darauffolgenden Jahr dann unter dem Motto „Rettet die Weltmeere" laufen.

In den Mitarbeiterzeitungen und Pressemitteilungen der teilnehmenden Firmen werden Platzierungen gefeiert, das gute Ergebnis hervorgehoben und die Anstrengung für die Nachhaltigkeit gewürdigt. Im besten Fall gibt es auch noch ein schönes Foto auf der Titelseite gratis obendrauf.

Nachhaltigkeit wird in der Öffentlichkeit nicht nur auf solchen Veranstaltungen zelebriert, sondern auch auf Firmenwebseiten und in diversen Publikationen mit schönen weiteren Begriffen wie „Corporate Citizenship" und „Corporate Sustainability" umschrieben, die allerdings nicht nur in der wissenschaftlichen Diskussion meist synonym verwendet werden. Corporate Citizenship lässt sich am besten mit „bürgerlichem Engagement der Unternehmen" und Corporate Sustainability, mit „unternehmerischer Nachhaltigkeit" übersetzen. Letztere bezweckt im unternehmerischen Sinne „die Steuerung von ökologischen, sozialen und ökonomischen Auswirkungen, um erstens eine nachhaltige Unternehmens- und Geschäftsentwicklung zu erreichen und zweitens einen positiven Beitrag des Unternehmens zur nachhaltigen Entwicklung der gesamten Gesellschaft sicherzustellen".[34] Diese Entwicklung und die Frage, welchen Beitrag die Unternehmen an der nachhaltigen Entwicklung leisten, wird zumeist aber nur als eine kommunikative Herausforderung angesehen, obwohl es sich zu einem weitaus größeren Teil eigentlich um eine „organisatorische und konzeptionelle Aufgabe" handelt.[35]

Die Berücksichtigung ökologischer Kriterien schützt aber das Unternehmen in einem zusehends sensibler werdenden gesellschaftlichen Umfeld in Bezug auf den zu erwartenden Klimawandel und die Umwelt-verschmutzung vor Kritik diverser Stakeholder.

Bei CSR geht es also um mehr als nur um Wohltätig-keit. Es gilt, die Erwartungen und Bedürfnisse der beteiligten Menschen und das Handeln der Unter-nehmen tatsächlich miteinander in Einklang zu bringen. Vielfach wird CSR aber lediglich als In-strument genutzt, um z. B. einen Imageschaden kurzfristig zu beheben. Dieses sogenannte reaktive CSR-Management zeichnet sich durch eine Diskre-panz zwischen kommunizierter und tatsächlich ge-lebter Verankerung im Unternehmen aus. CSR, das so betrieben wird, ist nicht nachhaltig – weder für die Umwelt noch für das Unternehmen – und stellt oft nur einen reinen Kostenfaktor für teure Mitarbei-ter in den Public Relations- und Marketingabteilun-gen dar. Demgegenüber ist das aktiv betriebene Ma-nagement von CSR ein Beitrag zur Steigerung der Wertschöpfung in den Unternehmen. Denn durch die Kommunikation von aktiv betriebener CSR wer-den nur diejenigen Erwartungshaltungen geweckt, die auch durch die strategischen und operativen Maßnahmen erfüllt werden können.

Fazit: Wie man erkennen kann – und niemanden verwundern wird –, baut eine Ebene der Pyramide auf der jeweils darunterliegenden auf. Keine Ebene kann nur für sich allein betrachtet und bewertet werden. Jede Ebene muss auch nach außen mit den Stake- und Shareholdern kommuniziert werden. Und Kommunikation hat immer etwas mit Öffentlichkeit zu tun, ansonsten wäre es sinnlos zu kommunizieren, es sei denn, man ist ein Freund der gepflegten Selbstgespräche oder hat eine gespaltene Persönlichkeit. Nichts von beidem betrachten wir im nächsten Kapitel, sondern stattdessen die Kommunikation aus Sicht der Unternehmen mit der wohl wichtigsten Zielgruppe: die Politiker.

Kapitel 3

Politikkontaktarbeit oder besser Public Affairs?

Was hat nun das Thema Public Affairs mit sozialer Verantwortung und Corporate Social Responsibility zu tun?

Wenn man Public Affairs ins Deutsche übersetzt, würde man es wohl mit „Öffentliche Angelegenheiten" umschreiben, wobei man des Öfteren den Eindruck gewinnen könnte, dass die ein oder andere Angelegenheit gar nicht so gerne öffentlich gemacht werden soll. Ganze Abteilungen arbeiten deshalb für große und kleinere Konzerne, um ihre eigenen wirtschaftlichen Interessen und unternehmerischen Ziele gegenüber der Politik und der Gesellschaft durchzusetzen. Zielgruppen für die Public Affairs Manager sind eigentlich alle Stakeholder. Manchmal aber könnte man denken, dass die einzigen Zielgruppen Politiker, Ministerien oder Parteien sind.

Was ist *Public* („Öffentlichkeit") eigentlich? „Meyers Neues Lexikon" definiert „Öffentlichkeit" als eine „Bezeichnung für gesellschaftliche Kommunikations-, Informations- und Beteiligungsverhältnisse, die die Entstehung und die fortwährende Dynamik einer öffentlichen Meinung möglich machen…"[36] Es handelt sich dabei folglich um einen Prozess der kommunikativen Teilhabe an der Gesellschaft, wobei sich im Verlauf des Prozesses die öffentliche Meinung ständig weiterentwickelt. Öffentlichkeit ist also ein Bereich des gesellschaftlichen Lebens, in dem Handlungen und Meinungen sichtbar sind und Probleme besprochen werden. Als logische Konsequenz bedeutet dies aber auch: Was nicht sichtbar ist, wird auch nicht wahrgenommen. Und was nicht wahrgenommen wird, kann auch nicht besprochen werden. Wenn Unternehmen also keine Lust auf Diskussionen haben, dann versucht man einfach die Handlung zu vertuschen. Logisch?! Wenn nicht, kann man es vielleicht anhand eines Beispiels aus der Jugend erklären: Sicherlich haben Sie in Ihrer „Schulvergangenheit" schon mal eine schlechte Note nach Hause gebracht. Statt langer Diskussionen mit den Erziehungsberechtigten unterschrieb man gerne den Test schnell selbst, die Unterschriften der Eltern hatte man ja schließlich nicht umsonst stundenlang bis zur Perfektion geübt. Somit war die schlechte Note „unsichtbar" und wurde deshalb auch nicht wahrgenommen. Das Abendessen war also gerettet, weil die zu erwartende, garantiert nicht positive Diskussion ausfiel. Man konnte sich also ganz beruhigt auf den Fernsehabend vorbereiten, der sonst vielleicht gestrichen worden wäre. Dumm nur, wenn der Lehrer zufällig auf dem Elternabend die schlechten Zensuren ansprach und die Eltern aus allen Wolken fielen, weil sie eigentlich davon ausgegangen waren, dass ihr Kind ein Musterschüler sei – es hatte ja schließlich nie eine schlechte Note mit nach Hause gebracht und immer nur gut von Schule und Lehrern gesprochen.

Öffentliche Kommunikation (auch wie im Beispiel von Schülern, Lehrern und Eltern) ist in den letzten Jahren aber immer komplexer und komplizierter geworden. Durch die teilweise – jedenfalls für „ältere Menschen ab vierzig" – unüberschaubaren Möglichkeiten der neuen Medien, wie zum Beispiel Blogs, Soziale Netzwerke, moderne Messenger, Webseiten oder einfach auch nur E-Mails, entwickelt sich die Kommunikation immer mehr zu einem dynamischen und offenen System. Plötzlich können Lehrer und Eltern auch direkt kommunizieren, nicht nur, wenn Erziehungsberechtigte oder Lehrer das Gefühl haben, dass etwas mit der Unterschrift nicht stimmen könnte. Die Zeiten, als Telefone noch Wählscheiben und keine Taste für Wahlwiederholung hatten, Internet, wenn überhaupt, nur in wissenschaftlichen Fachzeitschriften diskutiert wurde und in schlechten Science-Fiction-Filmen vorkam, würden sicherlich dem ein oder anderen Schüler heute als ein Segen erscheinen.

Öffentlichkeit wird also immer mehr zu einem umkämpften Raum, in dem es gilt, sich selbst und andere zu beobachten, um Meinungen zu bilden und eigene Interessen zu verfolgen, wobei man aber trotz allem stets bei der Wahrheit bleiben sollte! Unterschriften fälschen war und bleibt eigentlich falsch – vor allem auch deshalb, weil man heute erwachsen ist, selbst Kinder hat und quasi auf der anderen Seite steht.

Fehlen zu dem „Public" nur noch die „Affairs", also die Angelegenheiten. Der Duden beschreibt das Wort Angelegenheit mit 'Sachverhalt, dessen Lösung oder Erledigung für jemanden von [großer] Bedeutung ist; Sache, Problem'.[37]

Ein Problem für uns Schüler war es damals, die schlechten Noten und die große Bedeutung des Fernsehabends in Einklang zu bringen. Man muss nämlich wissen, dass coole Serien – wie zu meiner Zeit „Knight Rider" – nicht, wie es heute üblich ist, ständig auf verschiedenen Kanälen wiederholt wurden und schon gar nicht auf YouTube in Endlosschleife liefen. YouTube gab es schlichtweg noch gar nicht und die Fernbedienung kam damals mit 6 Knöpfen aus; und diese hatten, als das Testbild das Ende des Fernsehabends einläutete, auch keine Funktion mehr. Wenn man nun durch unglückliche Umstände, meist Fernsehverbot wegen schlechter

Noten, eine Folge „Knight Rider" verpasst hatte, konnte man am folgenden Schultag nicht mitreden und galt quasi als Außenseiter. Das selbstfahrende Auto, vollgestopft mit künstlicher Intelligenz, war damals sicherlich noch etwas Außergewöhnliches, wenn man bedenkt, dass zu dieser Zeit viele Autos noch nicht einmal elektrische Fensterheber hatten. Aber am meisten hat uns wahrscheinlich sowieso nicht die künstliche Intelligenz beeindruckt, sondern vielmehr der „Turbo Boost" und der „Super Pursuit Mode", der wenigstens uns Jungs vom eigenen Auto träumen ließ. Bis es so weit war, mussten wir uns mit unseren Fahrrädern behelfen, und als wir dann endlich den Führerschein hatten, war das selbstfahrende Auto schon längst wieder vergessen.

Wenn man nun die zwei Definitionen von „Öffentlichkeit" und „Angelegenheit" zusammennimmt, benötigt man für ein Problem, dessen Lösung von großer gesellschaftlicher Bedeutung ist, Kommunikations-, Informations- und Beteiligungsverhältnisse, die es dann möglich machen, dass die Teilnehmer sich eine Meinung bilden und diese kontinuierlich auch weiterentwickeln können.

Am Ende ist für „Public-Affairs-Kommunikation" – in manchen Kontexten auch Politikkontaktarbeit genannt – ebenso wie für den Umgang mit schlechten Schulnoten eines unerlässlich: eine gute Planung.

Die Planung sollte ein Team aus Fachleuten übernehmen, deren Plan üblicherweise mit der Situationsanalyse beginnt. Diese bestimmt den „Ist-Zustand" und identifiziert die potentiellen Zielgruppen mit ihren jeweiligen Problemstellungen, um in einem zweiten Schritt die kommunikativen Ziele für die jeweilige Zielgruppe festzulegen. Diese Ziele sollten messbar sein, da am Ende einer Kampagne immer die Evaluation steht. Man möchte ja schließlich wissen, ob man erfolgreich war, damit man die hohen Kosten und den Aufwand auch vor den Chefs gut rechtfertigen kann.

In einer weiteren Phase wird die Strategie festgelegt und sinnvollerweise muss diese Strategie auch zur Zielgruppe und den Zielen passen. Deswegen plant man ja schließlich und wie auch in der „Public-Relations-Kommunikation" müssen Kernbotschaften für die jeweiligen Zielgruppen formuliert werden.

Da das Ganze ja auch etwas kostet, wird ein Budget festgelegt. Daraufhin können auch die Maßnahmen geplant werden. Welche Mittel setze ich für welche Zielgruppe ein, um die Ziele zu erreichen? Mit der Integration in die allgemeine Kommunikationsstrategie des Unternehmens wird sichergestellt, dass Botschaften an die Zielgruppen auch inhaltlich und formal abgestimmt sind und sich nicht gegenseitig widersprechen.

Am Schluss steht wie immer die Erfolgskontrolle. Die Stunde der Wahrheit für die Verantwortlichen.

An dieser Stelle überlasse ich es den Leserinnen und Lesern, die Planung für die Vertuschung oder Beschönigung der schlechten Schulnote anhand der verschiedenen Schritte durchzuspielen. Mit dem gehörigen Abstand kann man sicherlich auch heute die Erfolge bewerten.

Wie „soziale Verantwortung" und „Politikkontakt-arbeit" zusammenhängen, ist hoffentlich klar geworden. Welche tragende Säule dabei die Kommunikation ist, wird im nächsten Kapitel besprochen.

Kapitel 4

Kommunikation oder Greenwashing?

Die etymologische Wortbedeutung des Begriffes „Kommunikation" oder „kommunizieren" ist vom lateinischen Verb *communicare* abgeleitet, was so viel bedeuten soll wie 'teilen', 'mitteilen', 'teilnehmen lassen'; 'gemeinsam machen', 'vereinigen'. „In dieser ursprünglichen Bedeutung ist eine Sozialhandlung gemeint, in die mehrere Menschen einbezogen sind. Wesentliche Aspekte dieser Sozialhandlung sind zum einen ‚Anregung und Vollzug von Zeichenprozessen' und zum anderen ‚Teilhabe', in der etwas ‚als etwas Gemeinsames' entsteht."[38] Im Gegensatz dazu ist Greenwashing ein einseitiger „kommunikativer" Prozess ohne nachvollziehbares ökologisches oder soziales Handeln, bei dem versucht wird, dem eigenen Unternehmen ein grünes Mäntelchen umzuhängen, ohne die Absicht etwas Gemeinsames entstehen zu lassen.

Kommunikation wird in aller Regel als Prozess beschrieben, in dessen Verlauf Informationen von einem Sender zu einem Empfänger übermittelt werden. Dabei wirkt Kommunikation auf den ersten Blick als etwas sehr „Triviales": Jemand sagt etwas, der andere hört das Gesagte.

Dass Kommunikation nichts Triviales ist, wissen jeder Mann und jede Frau zur Genüge. Beispiele brauche ich hier sicherlich keine zu nennen.

Wir Menschen führen ständig Gespräche mit Freunden, Bekannten, Familienangehörigen und Geschäftspartnern, und angesichts der Fülle an Kommunikationsmöglichkeiten heutzutage – Telefon, Brief, E-Mail, Facebook, WhatsApp, Instagram oder Face-to-Face-Kommunikation – gewinnt der Satz von Paul Watzlawick – „Man kann nicht kommunizieren"[39] – immer mehr an Bedeutung. Gerade heute birgt jede Form der Kommunikation enorme Risiken, selbst das Schweigen. Gerade für Unternehmen ist Kommunikation oftmals überlebenswichtig und darf nicht als ein Prozess angesehen werden, der nur eingleisig in eine Richtung die Botschaft sendet und keine Rücksicht auf die soziale und gesellschaftliche Umwelt nimmt, in die gesendet und von der empfangen wird. Der Philosoph Jürgen Habermas unterscheidet zwischen verständigungsorientierter und erfolgsorientierter (strategischer) Kommunikation.[40] Für Habermas ist die Verständnisorientierung der beteiligten Kommunikatoren wichtig für unverfälschtes kommunikatives Handeln. Verständigung ist hier aber mehr als nur das gegenseitige Verstehen. Es ist vielmehr die sprachliche Abstimmung und Einigung zwischen zwei oder mehreren Personen mit dem Ziel, ein Einverständnis im Hinblick auf ein bestimmtes Handlungsziel oder eine Einstellung zu erreichen.[41]

In der Analyse verständnisorientierter Kommunikation identifiziert Habermas vier Grundbedingungen, die immer erfüllt sein müssen, wenn ein wahrer Konsens zwischen zwei Kommunizierenden erreicht werden soll. Solche Regeln bezeichnet Habermas als universelle Geltungsansprüche. Die vier Grundbedingungen sind: der „Anspruch auf Verständlichkeit", der „Anspruch auf die Wahrheit" und „die Wahrhaftigkeit" und der „Anspruch auf die Richtigkeit".

Verständlichkeitsanspruch: Die „Kommunikationspartner müssen sich semantisch und syntaktisch verständlich ausdrücken"[42].

Auf das Beispiel aus der Automobilwirtschaft angewandt bedeutet dies, dass beide Kommunikationspartner beispielsweise das chemische Zeichen NOx als Gas interpretieren. Und zwar als das Gas, das die Atemwege reizen oder sogar gesundheitlich schädigen kann. Eine einseitige Neuinterpretation der Buchstaben NOx als „Nicht ohne Xtras" oder „Neuer

Offroader Xtralarge" ist für eine semantische und syntaktische Verständigung nicht von Vorteil.

Wahrheitsanspruch (Zustimmungsfähigkeit): Die „Kommunikationspartner müssen wahrheitsgemäß über etwas sprechen, dessen Existenz beide voraussetzen"[43].

Über die Wahrheit lässt sich bekanntlich streiten, wie über den Geschmack und das Wetter. Die Automobilhersteller sagen: „Wir haben die neueste Technik, die den Diesel sauberer macht." Die Käufer glauben das, weil man es eh nicht so ohne Weiteres überprüfen kann. Die Wahrheit hat dann aus der Sicht der Konzerne so lange Bestand, bis das Gegenteil bewiesen wird. Lügen haben bekanntlich kurze Beine. Deshalb sollte man von Anfang an bei der Wahrheit bleiben.

Wahrhaftigkeitsanspruch (Subjektivität): Die „Kommunikationspartner müssen alle interpersonalen Beziehungen (z. B. Macht- und Abhängigkeitsverhältnisse) sowie Intentionen nicht nur wahrheitsgemäß, sondern auch aufrichtig offen legen"![44]

Dieser Anspruch bedarf eigentlich keiner Beschreibung. In einer Zeit, in der Lobbyismus für die Unternehmen immer wichtiger wird, ist dieses Ziel natürlich nicht so einfach einzuhalten. „Lobbyismus ist in Deutschland weitgehend intransparent", stellt

Lobby Control in ihrem jährlichen Report 2017 fest.[45] Und weiter heißt es, dass „ohne Transparenz [...] der Raum für Kritik und Protest [schwindet]"[46] (siehe auch oben Kapitel 3). Abhängigkeitsverhältnisse entstehen aber nicht nur durch die personellen Wechsel zwischen Regierungsbank und Unternehmensvorständen, sondern auch schon durch Großspenden und Sponsoring der Parteien beispielsweise mit Messeständen auf Bundesparteitagen.

Richtigkeitsanspruch (Normativität): Die „Kommunikationspartner müssen Normen und Werte des sozialen Bezugssystems anerkennen und das beim Gegenüber voraussetzen können".[47]

Welche Werte gelten aber wohl für ein internationales und global agierendes Unternehmen? Die Luftreinhaltungswerte von Mumbai oder dann doch die von London, Paris und Berlin?

Im Gegensatz zu der verständnisorientierten Kommunikation nennt Habermas erfolgsorientiertes soziales Handeln *strategisch*. Mindestens ein Kommunikator verfolgt durch sein Handeln einen Plan, um einen strategischen Vorteil zu erlangen.

Public-Affairs- und Public-Relations-Kommunikation gehören also eindeutig zur erfolgsorientierten Kommunikation, die eine gewünschte Einstellung beim Empfänger herbeiführen soll. Wenn man jetzt noch einmal rekapituliert, dass Public-Affairs-Kommunikation auch „Politikkontaktarbeit" genannt wird, dann ist spätestens jetzt jedem klar, welche Zielgruppen im Fokus stehen dürften. Regierungen und Politiker sind wohl die einflussreichste Zielgruppe überhaupt, da sie die Gesetze machen. Und in der wirtschaftlichen Fachsprache würde es heißen: „Die Politik ist befugt Märkte zu regulieren, und gestaltet die Ordnung eines Gemeinwesens und lenkt das individuelle Verhalten seiner Mitglieder."[48] Gemäß der sehr allgemeinen und umfassenden Definition von Wikipedia ist Politik ein „öffentlicher Konflikt von Interessen unter den Bedingungen von öffentlichem Machtgebrauch und Konsensbedarf."[49]

Bei einer ernst gemeinten CSR-Kommunikation sollten aber nicht nur die Politiker oder die Regierungen im Zentrum der Kommunikation stehen, sondern auch alle anderen wichtigen Shareholder und Stakeholder. Die relevanten Zielgruppen sollten schon bei der Planung identifiziert und mit ihren jeweiligen Kernbotschaften belegt werden. Corporate Social Responsibility dient ja schließlich „als Grundlage […], auf freiwilliger Basis soziale Belange und Umweltbelange in die Unternehmenstätigkeit und in die Wechselbeziehungen mit den Stakeholdern zu integrieren"[50]. Und nur wenn es gelingt, in einem Dialogprozess alle relevanten Stakeholder einzubinden, kann die Idee, die hinter dem Konzept der CSR steckt, in eine wertschöpfende Strategie eingebunden werden. Alles andere wäre „Greenwashing", das früher oder später als solches entlarvt wird.

Kapitel 5

Shareholder vs. Stakeholder – einer gegen alle

Seit jeher und insbesondere seit Marx und Engels wird „die Diskussion, welche Ansprüche ein Unternehmen primär befriedigen muss – die Ansprüche der Kapitaleigentümer (Shareholder) oder die Ansprüche aller am Wirtschaftsprozess Beteiligten (Stakeholder) –"[51], sehr kontrovers geführt.

Der Shareholder-Ansatz, also die Unternehmensstrategie, die die Steigerung des Marktwertes des Unternehmens im Fokus hat, führt zwangsläufig „zu einer starken Orientierung der Unternehmensziele an den Interessen der Kapitaleigner"[52], also der Aktionäre. Diese einseitige Orientierung wird zunehmend kritisch betrachtet. Stattdessen wird gefordert, dass andere Interessensgruppen, die in die verschiedenen betrieblichen Prozesse involviert sind, mehr eingebunden werden. Am Beispiel von großen deutschen Automobilproduzenten lässt sich das gut darstellen: Immerhin gehören 14,6 % der VW-Aktien[53] dem Staat Katar, dessen wichtigste Einnahmequellen

Erdöl und Gas sind, 6,8 %[54] der Mercedes-Aktien gehören dem Staat Kuwait, der über 8 % der weltweiten Erdölreserven verfügt. Wer in Anbetracht dieser Tatsachen denkt, dass es große Anstrengungen hin zu klimaneutralen Mobilitätskonzepten gibt, wird wohl nur enttäuscht werden können.

Die Berücksichtigung der Stakeholder, also derjenigen Anspruchsgruppen, ohne deren Unterstützung das Unternehmen eigentlich nicht überlebensfähig wäre, ist zur Zielerreichung der Organisation unbedingt erforderlich und die Identifikation der Stakeholder und die Bestimmung der Relevanz der einzelnen Teilnehmer dringend notwendig. Welche Macht Stakeholder haben, zeigte sich 1995, als Greenpeace den Protest gegen Shell und Esso organisierte, die ihre ausgediente Ölplattform „Brent Spar" nicht gerade umweltfreundlich, aber dafür kostengünstig im Meer versenken wollten. Die Umsätze an deutschen Shell-Tankstellen sollen zu diesen Zeiten um 50 % gesunken sein. Ein Unternehmen, das ein nachhaltig wirtschaftendes Unternehmen sein will, muss eigentlich zwingend die gesellschaftlichen Ansprüche an seine Unternehmenstätigkeit kennen und in der Lage sein, diese langfristig in strategisches Handeln umsetzen zu können.

Der Dialog mit relevanten Anspruchsgruppen ist eines der wichtigsten Instrumente bei der Entwicklung von CSR-Strategien. Hieraus ergeben sich Chancen für eine langfristig angelegte Kommunikation und Kooperation mit den Stakeholdern, die nicht als reine PR angesehen werden kann, sondern tatsächlich eine Kooperation mit den Stakeholdern im Sinn hat.

Der „Stakeholderdialog" kann im Idealfall verschiedene Ziele verfolgen:

Die Vorstellungen der handelnden Akteure besser kennen zu lernen und dadurch die Kritik verstehen zu können. Will die Umwelthilfe der Umwelt helfen? Oder tatsächlich, wie uns ein Narrativ glauben machen will, die Arbeitsplätze der Automobilindustrie auf Geheiß der Grünen vernichten?

Das Stakeholder-Know-how besser in die Entscheidungen zu integrieren und zu nutzen. Hier ist es sicherlich gerade in der Abgasaffäre nicht so einfach, das Know-how der Stakeholder anzuzapfen. Aber auch hier gibt es Stakeholder, wie zum Beispiel die Wissenschaft, die mit dem nötigen Fachwissen zu besseren Produkten beitragen können. Und mit Wissenschaft sind nicht gekaufte Gefälligkeitsgutachten gemeint. Diese bringen langfristig nichts.

Durch eine Früherkennung können mögliche Konfliktpotentiale diagnostiziert und dadurch die Gefahr der potentiellen Gegenwehr reduziert werden. Im nachhaltigen Sinne der potentiellen Gegenwehr muss natürlich die Verbesserung der Produkte und Dienstleistungen entlang der Wertschöpfungskette gemeint sein. Eine Gegenwehr durch die Kommunikations- und PR-Abteilungen dient sicher nicht der Zielerreichung, Konflikte im Vorfeld zu entschärfen.

Durch den Dialog mit den Stakeholdern können mögliche Stärken und Schwächen der eigenen Strategie und der Produktideen sichtbar gemacht und im Austausch mit den Anspruchsgruppen auch mögliche Kooperationen aufgezeigt werden.

Auf jeden Fall dient der „Stakeholderdialog" der Transparenz und der Offenheit der Unternehmung gegenüber den verschiedenen Anspruchsgruppen und letztendlich der Reputation des Unternehmens. Im Falle der Ölplattform hat auch Greenpeace später zugeben müssen, mit grob falschen Zahlen über die Menge der Ölrückstände gearbeitet zu haben. Das lag vielleicht auch daran, dass die Kommunikation zwischen den Akteuren nicht stattgefunden hat.

Weiterhin spielt die Kommunikation mit den verschiedenen Interessensgruppen eine dreifache Rolle. Durch die Kommunikationsprozesse geschieht die Verinnerlichung der Produkte in der Wahrnehmung der Kunden, die Werte der Stakeholder wiederum werden in das Handeln des Unternehmens integriert und es entsteht eine Implementierung der Unternehmung in die Wahrnehmungswelt ihrer relevanten Anspruchsgruppen.

Alles in allem muss man aber feststellen, dass der Shareholder-Ansatz nicht im Gegensatz zum Stakeholder-Ansatz gesehen werden sollte. Es wird schnell klar, dass ohne die Berücksichtigung der Stakeholder-Interessen die Erreichung der Unternehmensziele gefährdet ist und somit auch die Interessen der Shareholder. An der Stelle sei noch einmal an die unterste Stufe der Pyramide erinnert: Ohne Moos nix los! Ohne wirtschaftliche Gewinne kann auch langfristig gesehen keine nachhaltige und verantwortliche Unternehmensführung gewährleistet sein.

Zu einer verantwortlichen Unternehmensführung gehört also ein offener und partnerschaftlicher Dialog mit allen relevanten Anspruchsgruppen. Wirtschaft beruht letztendlich auf Vertrauen und auf Erwartungen, die in Unternehmen gesetzt werden. Wenn Vertrauen durch Störung der Lieferketten oder durch andere Gründe verloren geht, lässt es sich schwer wieder aufbauen. Um die relevanten Themen der Stakeholder in Bezug auf die Organisation frühzeitig zu erkennen und darauf angemessen reagieren zu können, benötigen Unternehmen eine Art Frühwarnsystem. Wie immer hört sich auch hier der englische Begriff wesentlich professioneller und globaler an: „Issues Management".

Kapitel 6

Schon wieder ein englischer Begriff: Issues Management

„Die gesellschaftliche Entwicklung bringt Trends und Themen hervor, die durch die Stakeholder an ein Unternehmen herangetragen werden."[55] Kleinere und auch größere Veränderungen im Unternehmensumfeld können sich ganz schnell negativ – aber im Umkehrschluss auch positiv – auf die Unternehmen auswirken, sofern die Trends frühzeitig erkannt und als Chance betrachtet werden.

Der vorausschauende Umgang mit der Entwicklung ist für die Zukunftsfähigkeit der Unternehmen wichtig. Früher war der Diesel der Retter in der „Ölkrisen-Not": geringer Verbrauch bei Dieselfahrzeugen und gleichzeitig weniger Kosten für den Liter Diesel, da steuerlich durch den deutschen Staat subventioniert. Dieselfahrzeuge galten damals als die umweltfreundlichere Alternative zum Benziner und deswegen wurde der Diesel auch – ich nehme mal stark an, durch beständige Lobbyarbeit begünstigt – staatlich gefördert. Deshalb ist es auch nicht verwunderlich, dass Peter Ramsauer (damals Bundesverkehrsminister) 2011 europäischen Plänen die Dieselsteuer zu erhöhen eine klare Absage erteilte.

Überraschend forderte der Vorstandsvorsitzende der Volkswagen AG Matthias Müller (bis April 2018) flugs auf der Höhe der Dieselaffaire die zügige Abschaffung des Dieselprivilegs: „Abstriche bei den Diesel-Subventionen, dafür Anreize für Elektroautos, wären jedenfalls das richtige Signal. Das würden wir aushalten, ohne gleich Existenzängste haben zu müssen." So jedenfalls sein Statement im Interview mit dem Handelsblatt vom 10.12.2017.[56] Böse Geister vermuten hinter dieser Äußerung den Versuch, das ramponierte Image wieder etwas zu reparieren, frei nach dem Motto: „Wir haben es ja schon immer gesagt: Die E-Mobilität ist die Zukunft!" Das fällt aber nicht zwangsläufig unter die Kategorie „Issues Management", sondern unter „Jeder ist sich selbst der Nächste" und „Rette sich wer kann". Oder einfach nur klassische PR-Arbeit und somit der Versuch erfolgsorientiert zu kommunizieren.

Aber auch beim Management von „Belangen oder Problemen", wie man Issues übersetzen könnte, gibt es Unterschiede: Auf der einen Seite steht das Modell der organisationalen Beobachtungs- und Informationsverarbeitung, die die Organisation bei der Bewältigung von potentiellen Risiken durch systematische Beobachtung und frühzeitige Identifikation von Themen unterstützen soll. Und auf der anderen Seite das Modell, das kommunikationsrelevante Sachverhalte mit Krisenpotential identifizieren soll. Übersetzt heißt das, dass der erste Ansatz auf die strategische Entwicklung der Organisation abzielt und der zweite sich aus Kommunikations- und PR-Sicht mit den Chancen und Risiken beschäftigt.

Das Issues Management beruht diesmal leider nicht auf dem Prinzip der Pyramide, sondern auf drei Säulen: Identifikation von möglichen Problemen, Interpretation der gewonnen Ergebnisse und Implementierung der Strategie für die Beseitigung der Probleme.

Das Issues Management sollte nicht nur allein im Bereich der Kommunikation angesiedelt sein, sondern muss im Aufgabenbereich der Strategieentwicklung liegen, um zwischen gesellschaftlichen Themen und der Unternehmensstrategie vermitteln zu können. Somit können potentielle Gefahren für das gesamte Unternehmen abgewehrt werden. Singuläre Betrachtungen von einzelnen Abteilungen sind nicht zielführend und können nur über Beobachtung der gesamten Wertschöpfungskette einen wichtigen Beitrag für die nachhaltige Organisation leisten. Grundsätzlich ist es so, dass ein Thema von einer Anspruchsgruppe erst wahrgenommen werden muss, bevor es für das Unternehmen zu einem „Issue" werden kann. Das Thema „Abgas und VW" ist mit voller Wucht am 18. September 2015 von einer Anspruchsgruppe wahrgenommen worden: den Millionen Autobesitzern weltweit, die von Stilllegungen und Fahrverboten potentiell betroffen waren.

Issue Management sollte aber nicht mit „Risiken" gleichgesetzt werden. Es kann gleichwohl auch eine Chance für das Unternehmen darstellen. Nämlich dann, wenn aus den Fehlern etwas gelernt wird. Was leider viel zu selten der Fall ist. Wie viele Unternehmen jedoch tatsächlich Issues Management betreiben und dann noch als Chance für die Unternehmung wahrnehmen, bleibt letztendlich auch im Hinblick auf die Abgasaffäre fraglich. Sinnvoll wäre dieses Management auf jeden Fall, nicht nur für multinationale Unternehmen. Werden Themen früher erkannt und schneller in der Auswirkung erfasst, können dadurch durchaus auch Wettbewerbsvorteile generiert werden, vielleicht nur auf kommunikativer Ebene, aber immerhin wäre auch das ein Vorteil. Beispiele im aktuellen Abgasskandal sind die anderen deutschen Automobilhersteller. In einem 2018 in der Rheinischen Post erschienenen Artikel über den Einsatz von Schummelsoftware bei Daimler ist beispielsweise über Dieter Zetsche, den damaligen Vorstandsvorsitzenden der Daimler AG (2006 – 22. Mai

2019), Folgendes zu lesen: „Zetsche hatte kurz nach Bekanntwerden des Abgasskandals bei VW betont, dass es in seinem Hause keine illegalen Abgas-Manipulationen gebe: ‚Wir halten uns grundsätzlich an die gesetzlichen Vorgaben und haben keinerlei Manipulationen an unseren Fahrzeugen vorgenommen‘, hatte er im September 2015 gesagt."[57] Oder man denke an den Austritt von Mercedes und BMW aus der Forschungsgruppe (wir erinnern uns: Europäische Forschungsvereinigung für Umwelt und Gesundheit im Transportsektor e.V. EUGT).

Issue Management ist aber auch immer mehr in der Kommunikationsarbeit sinnvoll. In der heutigen Zeit, in der in den sozialen Medien, sei es Facebook oder Twitter, die Hemmschwelle vieler User extrem gefallen ist, können dadurch schnell Unwahrheiten und Fake News ungefiltert verbreitet werden. Aber auch hier gilt es, die Bedenken der Stakeholder ernst zu nehmen, Fakten zu bewerten und letztendlich in eine Strategie zu implementieren. Gefahren für das Unternehmen können aber nicht nur im eigenen Zugriffsbereich entstehen. Die gesamte Wertschöpfungskette inklusive Zulieferer muss kritisch betrachtet werden. Vor allem, wenn man nachhaltig agieren will.

Kapitel 7

Die Wertschöpfungskette – eine Schöpfungsgeschichte

Kann eine Wertschöpfungskette nachhaltig sein? Oder vielmehr: Was ist eine Wertschöpfungskette überhaupt? Nein, es ist keine (Gold)**kette**, die den Schenkenden Hoffnung **schöpfen** lässt, dass die Liebste einen tollen Eindruck von ihm haben könnte ob des **wer**tvollen Geschenkes. Für den einen oder anderen kann das zwar durchaus eine Wert-Schöpfungs-Kette sein, aber im wirtschaftswissen-schaftlichen Sinne wird der Begriff dann doch eher als linearer Prozess der Veredelung von Gütern wahrgenommen. In dieser Betrachtungsweise der rein monetären Wertschöpfung findet die Nachhal-tigkeit tatsächlich nur schwer einen Zugang, da die-se auch die Entwicklungen der Dimensionen Ökolo-gie und Soziales miteinbeziehen müsste. Die klassi-sche Wertschöpfungskette, für die im betriebswirt-schaftlichen Bereich häufig die Definition Michael Porters zu Rate gezogen wird, lautet: „Die Wertkette gliedert ein Unternehmen in strategisch relevante Tätigkeiten, um dadurch Kostenverhalten sowie vorhandene und potenzielle Differenzierungsquellen zu verstehen."[58]

Dieses Modell erklärt mit einfachen Mitteln, an welcher Stelle im Unternehmen welcher Mehrwert generiert wird. Dabei unterscheidet Porter zwischen zwei verschiedenen Arten der Geschäftsaktivitäten: primären und sekundären.

Die primären Aktivitäten widmen sich hauptsächlich der Umwandlung von Materialien (Rohstoffe werden zu Produkten oder Dienstleistungen) sowie der Auslieferung der Produkte und dem Kundenservice nach dem Verkauf.[59]

Die sekundären Aktivitäten hingegen

> „unterstützen die primären Aktivitäten und beinhalten Beschaffung, technische Abwicklung sowie Human-Ressource-Management. Alle diese Aktivitäten sind Bestandteil der Wertschöpfungskette und können analysiert werden, um abzuschätzen, wo Chancen für Wettbewerbsvorteile liegen könnten. Um den Wettbewerb zu überleben und das zu liefern, was Kunden kaufen wollen, muss das Unternehmen sicherstellen, dass alle Aktivitäten der Wertschöpfungsketten miteinander verbunden sind und zusammenpassen, selbst wenn einige der Aktivitäten außerhalb des Unternehmens durchgeführt werden"[60].

Güter und Dienstleistungen werden aber durch die Globalisierung zunehmend in verschiedenen Ländern und Regionen entworfen, produziert und vertrieben. Wertschöpfungsketten sind also durch die anhaltenden internationalen Produktionsprozesse immer vielschichtiger geworden und gleichzeitig werden Unternehmen immer mehr Verantwortlichkeiten zugeschrieben. Sie werden für die Handlungen ihrer Vorproduzenten oder für die Entsorgung und Wiederverwertung von Produkten in die Pflicht genommen. Die Wertkette eines Unternehmens kann und darf also nicht isoliert betrachtet werden. Sie muss in die vor- und nachgelagerten Wertketten der Lieferanten und Abnehmer eingebettet werden.[61] Die genaue Kenntnis der Wertkette des Abnehmers ist demzufolge besonders wichtig.

Früher hat der örtliche Metzger die Tiere vom regionalen Bauern gekauft, der wiederum sein Futter selbst angebaut oder in der Nähe zugekauft hatte. Die Risiken waren damals nicht so hoch, da die Lieferkette nahezu allen Akteuren bekannt war oder bekannt sein konnte. Heutzutage wird das Fleisch meist über hunderte von Kilometern zu Schlachtereien gefahren, wobei der Großhändler am Ende nicht mehr weiß, welches Futter welcher Bauer den Tieren gegeben hat und unter welchen Umständen das Tier gehalten, transportiert und geschlachtet wurde.

Die sich daraus ergebenden Risiken und Herausforderungen an die Unternehmen können aber auch

Chancen bieten, da nicht nur die normale Geschäfts-
tätigkeit (z. B. der Verkauf von Fahrzeugen), sondern jede Tätigkeit entlang der Wertschöpfungskette
die verschiedenen Anspruchsgruppen berührt. Das
kann sowohl negative als auch positive Auswirkungen für das Zusammenleben haben. Die resultieren-
de Herausforderung besteht also darin, die eigene
Wertschöpfungskette zu erfassen, um mögliche Risiken zu identifizieren und Chancen zu realisieren.
Die Analysen können wichtige Informationen lie-
fern, wie die eigene Wertschöpfungskette an sich
ständig ändernde Umgebungen anzupassen und,
falls erforderlich, wie die Wertschöpfungskette um-
zudefinieren ist, um daraus Wettbewerbsvorteile zu
generieren. Mit einer nachhaltigen Wertschöpfungskette können Unternehmen eine höhere Reputation
für sich und die eigene Marke erlangen und auch
noch ressourceneffizienter produzieren.

Bei der Integration nachhaltiger Zielsetzungen in die
Wertschöpfungskette der Unternehmen müssen gegebenenfalls Strukturen und Produkte in Frage
gestellt werden. Unternehmen handeln in einer
Wettbewerbssituation, in der die Ressourcen knap-
per werden und die Rohstoffpreise steigen oder
zumindest hohen Schwankungen ausgesetzt sind.
Deshalb ist es wichtig, die Produktion so ressourcen-
schonend wie möglich zu gestalten. Es ist sicherlich
schwierig, die doch teilweise sehr komplexen Wert-

schöpfungsketten in Unternehmen von heute auf morgen nachhaltig und sozial zurechtzubiegen. Eine Wertschöpfungskette mit der Fokussierung auf die ökologische Verantwortung der Unternehmen könnte – auch wenn die Kontrolle am Ende doch sehr schwerfallen würde – anhand der neun Kategorien der Definition von Porter folgendermaßen aussehen (natürlich ist das nicht abschließend und der Weisheit letzter Schluss, dient aber als ein Versuch der Verdeutlichung, dass eine Wertschöpfungskette auch nachhaltig gestaltet werden kann):

Eingangslogistik

Durch die Globalisierung werden viele Waren und Rohstoffe aus den unterschiedlichsten Teilen der Welt beschafft. Hier kann durch eine Entscheidung für regionale Beschaffungsmärkte der hohe Anteil der Transportkosten minimiert und dabei die Umwelt geschont werden. Collaborative Warehousing und Collaborative Transporting könnten Unternehmen die Chance bieten, Synergien zu nutzen, um dadurch Kosten zu senken und die CO_2-Bilanz zu verbessern. Auch der Blick auf regionale Partner mit schnelleren Lieferwegen sollte betrachtet werden. Hier ist natürlich auch der ganzheitliche Blick auf das Produkt zu sehen. Bei Avocados zum Beispiel ist es ökologischer, diese aus der Dominikanischen

Republik per Schiff angeliefert zu bekommen, als sie per LKW aus Spanien zu importieren. Warum? Der enorme Wasser- und Flächenverbrauch ist in den tropischen Gebieten der Dominkanischen Republik weniger umweltschädlich als im trockenen Spanien.

(Fertigungs-)Operationen

Bei der Umwandlung des Inputs in einen Output, also der Produktion von Gütern und Dienstleistungen, sollten die ökologischen Aspekte wie Vermeidung umweltschädlicher Emissionen sowie die Verringerung des Energiebedarfs und der Abfallmengen im Vordergrund stehen. Aber auch die banal klingende Lebenszyklusanalyse und das „Haltbarermachen" von Produkten kann die negativen Auswirkungen auf die Umwelt durchaus verringern (was natürlich nicht für Konservierungsstoffe bei Lebensmittel zutrifft).

Ausgangslogistik

Diese Aktivität in der Wertschöpfungskette beinhaltet die Lagerung und die Distribution der hergestellten Waren. Hier stellt sich zunächst die Frage der ökologischen Verpackung und der Wiederverwertbarkeit. Entscheidet man sich für recyceltes Papier ohne bunte Aufdrucke oder für laminiertes Papier oder gar Plastik? Zusätzlich kann der Einsatz von umweltfreundlichen Transportmitteln den CO_2-Ausstoß mindern und den Verbrauch an Energie und Ressourcen minimieren. Hier stellt sich die Frage, ob man nicht besser die Bahn statt der eigenen LKW-Flotte für den Transport von Waren benutzt.

Marketing und Vertrieb

Die Ausrichtung des Marketings auf ökologische Grundsätze beschäftigt sich mit dem Erreichen der Unternehmensziele durch das Erfüllen der Kundenwünsche. Eine Schlüsselaufgabe ist es, diese Kundenbedürfnisse zu verstehen, diese mit ökologischen Vorteilen zu verknüpfen und mit Hilfe der Elemente des Marketingmixes (Produkt, Preis, Kommunikation und Distribution) Wettbewerbsvorteile herauszuarbeiten.

Kundendienst

Die Verantwortlichkeit für das Produkt hört nach dem Verkauf nicht auf. Die Transparenz über die Zusammensetzung von Produkten und deren Inhaltsstoffen ermöglicht eine bessere Widerverwertbarkeit. Dazu gehören natürlich auch eine funktionierende Hotline für die erste Hilfe bei Problemen und die Bereitstellung von Ersatzteilen und dem dazugehörigen Serviceteam, das gegebenenfalls kostengünstig den Austausch eines defekten Teiles vornehmen könnte.

Beschaffung

Die Beschaffungsfunktion bezieht sich auf alle Wertschöpfungsaktivitäten und ist nicht nur auf die Beschaffung von Rohstoffen zu beschränken. In diesem Teil der Kette haben die Unternehmen einen großen Einfluss, aber auch eine große Unsicherheitsvariante, wenn Zulieferer vereinbarte Standards nicht oder zumindest nur teilweise einhalten. Hier besteht – rein hypothetisch – die Möglichkeit des Insourcing. Dabei werden Prozesse wieder in den Kontrollbereich des Unternehmens eingegliedert. Das wird aber sicherlich nicht so schnell passieren, denn Outsourcing hat ja zum Ziel Kosten zu sparen. In diesem Zusammenhang ist es natürlich umso wichtiger, effiziente Kontrollmechanismen zu installieren.

Technologische Entwicklung

Die Technologieentwicklung darf sich nicht nur auf Produktverbesserung beschränken, sondern muss vielmehr alle Bereiche der Wertschöpfungskette betrachten. So müssen Unternehmen bei der Fertigung auf Prozessoptimierung ebenso viel Wert legen wie auf die kontinuierliche nachhaltige Weiterentwicklung der Produkte.

Personalwirtschaft

Die Aus- und Weiterbildung der Mitarbeiter spielt für das ökologische Handeln am Arbeitsplatz eine wesentliche Rolle. Die regelmäßigen Schulungen zu umweltrelevanten Themen sensibilisieren die Mitarbeitenden für nachhaltiges Handeln. Durch ein betriebliches Vorschlagswesen für Nachhaltigkeit können sich die Mitarbeiter konstruktiv mit Vorschlägen an der ökologischen Ausrichtung des Unternehmens beteiligen. Das Gleiche gilt für die sozialen Belange in den Unternehmen. Die Integration von Umweltthemen in die Organisationsstruktur und in diesem Zusammenhang vor allem die Ansprechbarkeit von Verantwortlichen gewährleistet nachhaltiges Handeln.

Unternehmensinfrastruktur

„Die Infrastruktur eines Unternehmens besteht aus einer Reihe von Aktivitäten, wozu die Gesamtgeschäftsführung, Planung, Finanzen, Rechnungswesen, Rechtsfragen, Kontakte zu Behörden und staatlichen Stellen und Qualitätskontrollen gehören. Im Gegensatz zu anderen unterstützenden Aktivitäten betrifft die Infrastruktur in der Regel die ganze Kette und nicht einzelne Aktivitäten."[62]

Bei der Planung besteht die Herausforderung darin, Chancen und Risiken im ökologischen Handeln der Stakeholder frühzeitig zu erkennen, um diese entsprechend in einen Wettbewerbsvorteil umzuwandeln.

Im Sinne der Nachhaltigkeit hat also die Wertschöpfungskette auch etwas mit der Schöpfung zu tun. Auch bei der Schöpfung ist laut Bibel von der Schaffung von Licht und Dunkel bis zur Schaffung des Menschen alles strategisch geplant gewesen. Wer diese Strategie entwickelt hat, kann ich leider nicht beantworten.

Kapitel 8

Die Strategie

Strategische Unternehmensführung ist dazu da, die langfristige Überlebensfähigkeit des Unternehmens zu sichern. Deshalb ist es nicht verwunderlich, dass diese Überlebensfähigkeit auf das Engste mit der Fähigkeit verknüpft ist, den Wandel nicht nur nach technischen und marktgerichteten Aspekten zu bewerten, sondern auch – und in vermehrtem Maße – den sozialen und ökologischen Aspekt zu antizipieren und ihn zur Basis des unternehmerischen Handelns zu machen.[63]

Die „Strategie" wird also in der strategischen Planung als ein zukunftsorientiertes und langfristig ausgerichtetes Handlungsprogramm verstanden und es geht vor allem darum, dieses Handlungsprogramm zu entwickeln. Der strategische Planungsprozess gliedert sich in fünf Phasen und ist abermals keine Pyramide, wird aber gerne als Ablaufdiagramm mit den folgenden Elementen dargestellt: Umweltanalyse, Unternehmensanalyse, Strategieauswahl, Implementierung und Kontrolle.

Die Umweltanalyse beschäftigt sich mit der gegenwärtigen und der zukünftigen wirtschaftlichen, sozialen, technologischen und ökologischen Stellung in ihrem Umfeld und dient letztendlich der Ermittlung der Chancen und Risiken.[64] Jedes Unternehmen sieht sich einer Umwelt gegenüber, deren Informationen nach objektiven Gesichtspunkten urteilsfrei ausgewertet werden müssen. Rein theoretisch auf jeden Fall!

Wenn es praktisch gemacht wird, kann man in der Regel zwei Ebenen unterscheiden: die Analyse der allgemeinen Umwelt und die Analyse der Wettbewerbsumwelt.

Bei der Betrachtung der ersten Ebene ergeben sich die ökologieorientierten Chancen und Risiken insbesondere durch die umweltpolitischen Aktivitäten des Gesetzgebers, das Umweltbewusstsein der Öffentlichkeit und der Konsumenten, die umweltbezogenen Aktivitäten der Konkurrenz und die Entwicklung im Bereich der Wissenschaft und Forschung.

In der zweiten Ebene folgt die marktorientierte Betrachtung. Die Wettbewerbsumwelt umfasst solche Einflüsse, die direkt auf die strategischen Geschäftsfelder bzw. deren relevante Märkte wirken.[65] Michael Porter beschreibt mit seinem Modell „die fünf Wettbewerbskräfte",[66] dass ein Unternehmen dann gewinnbringend arbeiten kann, wenn es sich optimal auf einem attraktiven Markt positioniert. Diese Positionierung setzt die Analyse der treibenden Wettbewerbskräfte voraus, die aus den sogenannten „five forces" bestehen. Um die Attraktivität einer Branche zu bestimmen, sind die folgenden Fragen nach Porter relevant: Wer sind potentielle neue Konkurrenten? Wie ist die Verhandlungsstärke der Kunden? Besteht eine Bedrohung durch Ersatzprodukte? Wie groß ist die Rivalität zwischen bestehenden Konkurrenten? Und welche Verhandlungsstärke besitzen die Zulieferer? Welche Fragestellungen können hier aber bezüglich der Implementierung von CSR auftauchen?

Rivalität unter den bestehenden Unternehmen: Versuchen die Wettbewerber durch nachhaltiges Handeln die Kunden abzuwerben?

Verhandlungsmacht der Abnehmer: Ziel des Kunden ist es, die Produkte zu möglichst niedrigem Preis bei möglichst hoher Qualität zu erhalten. Wechseln die Kunden bei einer niedrigen Wechselbarriere zu einem Konkurrenten, der die Produkte nachhaltig anbieten kann?

Bedrohung durch Ersatzprodukte: Können Produkte aus anderen Branchen das bestehende Produkt ersetzen? E-Fahrrad oder öffentlicher Personennahverkehr statt Auto?

Verhandlungsmacht der Lieferanten: Wie verhalten sich die Zulieferer bezüglich geänderter Anforderungen in Hinsicht auf die nachhaltige Gestaltung der Produkte?

Potentielle neue Konkurrenten: Können neue Konkurrenten mit einem nachhaltigen Angebot in den Markt eintreten? Der ernstzunehmende Konkurrent für die deutschen und für alle anderen Automobilhersteller ist da sicherlich die 2003 gegründete US-amerikanische Firma Tesla. Das Tesla-Credo lautet: „Je schneller wir unsere Abhängigkeit von fossilen Brennstoffen überwinden und eine emissionsfreie Zukunft verwirklichen, desto besser."[67] Innovation und Weitblick trifft hier brutal auf Tradition und Kurzsichtigkeit.

Die Unternehmensanalyse soll die Stärken und Schwächen einer Unternehmung aufdecken, um einen Überblick über die Situation im Unternehmen zu bekommen. Sie befasst sich also im Gegensatz zur Umweltanalyse mit der Bewertung der Ressourcen und Fähigkeiten des Unternehmens. In der ökologischen Unternehmensanalyse kann man durch eine systematische Analyse ökologische Schlüsselprobleme in den einzelnen Geschäftsfeldern identifizieren.

Die Verlinkung zwischen dem marktorientierten Ansatz (Chancen und Risiken) und dem ressourcenorientierten Ansatz (Stärken und Schwächen) können anschaulich mit Hilfe der SWOT-Analyse visualisiert werden, um zur Strategieauswahl zu gelangen. Diese Phase „beinhaltet die Formulierung und Auswahl von Strategien. Aus den in der Analysephase gewonnenen Informationen wird eine Strategie entwickelt, die der Erreichung der strategischen Unternehmensziele dient"[68] – wobei diese Strategie auch die Nachhaltigkeitsziele mitberücksichtigen muss. „In der Phase der Strategieumsetzung werden die strategischen Pläne in konkretes Handeln umgesetzt."[69] Hier stellt sich heraus, ob die geplante Strategie mit den geeigneten Maßnahmen in der Praxis umgesetzt werden kann. Um sicherzustellen, dass die erarbeiteten Ziele auch erreicht werden, bedarf es einer ständigen Analyse der bisherigen Entwicklung des Unternehmens. Primäre Aufgabe der Erfolgskontrolle ist es, den operativen und strategischen Unternehmenserfolg zu messen und Abweichungen vom Ziel zu erkennen. Sie ermöglicht eine frühzeitige Reaktion auf veränderte Rahmenbedingungen.

Dass die deutschen Unternehmen trotz Lobbyarbeit ihre Strategie durchaus auch ändern können, zeigt sich bei VW und ihrer neuen Konzernstrategie: „Die Mobilitätswelt verändert sich bis zum Jahr 2030 fundamental: E-Antriebe und voll vernetzte, autonom fahrende Transportmittel bestimmen zukünftig die

Art und Weise, wie wir uns fortbewegen. Mit der neuen Konzernstrategie „NEW AUTO – Mobility for Generations to Come" wird der Volkswagen Konzern diese Transformation maßgeblich vorantreiben und beschleunigt seine Neuausrichtung vom Fahrzeughersteller zu einem weltweit führenden softwaregetriebenen Mobilitätsanbieter. Ein Unternehmen, das Mobilität neu definiert und gleichzeitig klimaneutral und verantwortungsbewusst wirtschaftet."[70] Dieses Zitat findet sich, prominent platziert, auf der Homepage von VW.

Als ich anfing dieses Buch zu schreiben, und das ist schon ein paar Jahre her, war nicht absehbar, wie schnell die Entwicklung gehen würde. Ich habe den Eindruck, dass gerade in der Automobilindustrie ein Wettstreit entbrannt ist, wer schneller den Verbrennungsmotor verbannen kann.

Kapitel 9

Die Moral der Geschichte

War früher nun wirklich alles besser? Warum hat der geneigte Leser bis hierher gelesen und was nimmt man mit aus dem kurzen Abriss über Corporate Social Responsibility?

Wie fast überall im Leben kommt es darauf an, aus welcher Sicht man es betrachtet.

Für die Unternehmen, sollte man meinen, war es früher eindeutig besser. Der Begriff CSR war noch nicht geboren, das Internet und sonstige soziale Medien, über die man Widerstände gegen Umweltverschmutzung und soziale Verfehlungen hätte organisieren können, gab es auch noch nicht. Das machte es für die Unternehmen viel einfacher nach außen hin zu kommunizieren und auf dem Markt zu agieren.

Meist beschränkte sich die Arbeit der „PR-Manager" auf den Kontakt zu Zeitungen und lokalen Radio- und Fernsehstationen und dem Erstellen von Pressemitteilungen, deren Planung aber wahrscheinlich nicht strategisch war, sondern nur reaktiv auf Themen eingig, die von außen an das Unternehmen herangetragen wurden – wenn überhaupt. Der Firmenpatriarch hatte die besten Kontakte in die Politik, denn man traf sich – nicht so öffentlichkeitswirksam wie heute – in Wirtschaftsclubs und an Unternehmerstammtischen. Hier war die Public-Affairs-Arbeit, wenn man so will, noch an höchster Stelle angesiedelt und meist mit persönlichen Kontakten verbunden.

Das machte aber nicht unbedingt die Produkte und die Umwelt besser.

CSR macht Sinn, wenn ein Unternehmen wirtschaftlich handelt, ohne die Verbraucherinnen und Verbraucher zu belügen und ohne die Umwelt und/oder das soziale Gefüge zu zerstören. Und es geht tatsächlich nicht um Wohltätigkeit. Es geht darum, die Erwartungen und die Bedürfnisse der beteiligten Personen miteinander in Einklang zu bringen. Die Frage, welchen Erwartungen der Konsumenten die Unternehmen gerecht werden sollen, darf aber nicht den Letzteren überlassen werden, sondern es muss ein Konsens geschaffen werden.

Der ständige Dialog (und die Umsetzung der daraus resultierenden Ergebnisse) mit den Gruppen, die entlang der Wertschöpfungskette Interesse an dem Handeln des Unternehmens haben, macht letztendlich die Produkte der Unternehmen konkurrenzfä-

hig. Hierbei handelt es sich dann um die schon be-
schriebene Win-win-win-Situation.

Die Ausgangssituation ist heutzutage für die Konsumenten hinsichtlich der Mitbestimmung besser. Es
gibt sicherlich heute vielfältigere Möglichkeiten, sich
ein Bild über die soziale Verantwortung der Unternehmen zu machen und auch Standards einzufor-
dern, seien es soziale oder ökologische, die im End-
effekt den Kunden mit dann besseren Produkten
zugutekommen. Im Fall des Abgasskandals wäre
den Kunden viel Frust, Klagen und ein nicht uner-
heblicher Wertverlust ihres Fahrzeuges erspart ge-
blieben, wenn die Automobilkonzerne die vier Stufen der CSR nacheinander erklommen und nicht bei
der ersten Stufe eine lange Pause eingelegt hätten.
Hier noch einmal kurz zur Erinnerung: Stufe1: „Be
profitable", Stufe 2: „Obey the law", Stufe 3: „Be
ethical" und Stufe 4: „Be a good corporate citizen".

Die Ressourcen auf unserem Planeten sind endlich
und unsere auf ständiges Wachstum ausgelegte
Wirtschaft stößt jetzt schon an ihre Grenzen. Trotz-
dem werden soziale Fragen wie Arbeitsplätze und
Wohlstand gerne gegen die berechtigte Forderung
nach mehr Umweltschutz ausgespielt. Und nur zu
oft verfangen die Äußerungen der falschen Auguren
und verhindern so in großen Teilen die Weiterentwicklung von Standards und verlangsamen die Ge-

schwindigkeit, in der eigentlich gehandelt werden müsste. Die zukünftige Herausforderung für Unternehmen wird es sein, die vier Stufen der CSR in Einklang zu bringen.

„Nicht die Taten sind es, die die Menschen bewegen, sondern die Worte über die Taten". Mit diesem Zitat hat das Buch begonnen und so möchte ich es auch enden lassen. Denn es ist für Unternehmen wichtig und richtig über ihr freiwilliges Engagement für Umwelt und soziale Belange zu kommunizieren. Wenn CSR als ganzheitliches Konzept ernst genommen wird, profitieren nicht nur die Umwelt und die Konsumenten, sondern auch die Unternehmen. Dann kann CSR auch ehrlich kommuniziert werden und führt nicht zu Skandalen. Deshalb füge ich aber noch ein Sprichwort hinzu, das nicht so alt, aber sicherlich zutreffender ist: **Lügen haben kurze Beine.**

Wenn man am Ende des Buches zu der Erkenntnis kommt, dass doch jeder von gelebter Verantwortung profitieren kann, warum ändern sich die Strategien noch so langsam?

Vielleicht ist es die menschliche Angst vor Veränderung oder die Überforderung vieler bei der ständigen Neubewertung des eigenen Handelns und die damit einhergehende potentielle Möglichkeit etwas Falsches zu entscheiden. Diese Angst lähmt die Manager und hindert sie wahrscheinlich daran, in Anbetracht der vorangeschrittenen Klimakrise die Änderungen herbeizuführen, die letztlich das Unternehmen sowohl ökonomisch als auch ökologisch nachhaltig aufstellen würden. Aber vielleicht ist es für die Unternehmen schlichtweg einfacher, ihre Kommunikationsabteilung das Thema CSR bearbeiten zu lassen, was aber letztendlich nicht zielführend ist, denn das Festhalten an alten Traditionen nach dem Motto „Das haben wir doch schon immer so gemacht (…und sind damit immer gut gefahren)" verhindert Innovationen, die die Unternehmen für die Zukunft fit machen.

Am Ende sei doch der Hinweis auf den sächsischen Oberberghauptmann Hans Carl von Carlowitz erlaubt, der als Schöpfer des Begriffs „Nachhaltigkeit" vor über 300 Jahren mit seiner Schrift „Sylvicultura oeconomica" bekannt wurde. Er erkannte damals schon, dass die Forstwirte nur so viel Holz schlagen sollten, wie durch eine Aufforstung wieder nachwachsen kann. Damit nicht auch noch die nächsten 300 Jahre in Sachen Nachhaltigkeit nutzlos vergeudet werden, müssen die Unternehmen jetzt handeln.

Anmerkungen

1   Als dieser Prolog geschrieben wurde gab es noch ein
    soziales Leben in Kneipen und Wirtshäusern. Heute
    müsste es wohl eher heißen: in den Zoom-Konferenzen
    oder WhatsApp-Chatgruppen.

2   „Framing ist der meist bewusst gesteuerte Prozess
    einer Einbettung von Ereignissen und Themen in Deu-
    tungsraster, anhand konstruierter Narrative bzw. Er-
    zählmuster. Komplexe Informationen werden dadurch
    selektiert und strukturiert aufbereitet, sodass eine be-
    stimmte Problemdefinition, Ursachenzuschreibung,
    moralische Bewertung und/oder Handlungsempfeh-
    lung im Sinne des Framing-Erstellers in der jeweiligen
    Thematik betont wird." Quelle: *Framing (Sozialwissen-
    schaften)*. In: Wikipedia, Die freie Enzyklopädie. Bear-
    beitungsstand: 23.06.2021, 19:43 UTC.
    <https://de.wikipedia.org/w/index.php?title=Framing_(
    Sozialwissenschaften)&oldid=213232637>.

3   Aus Gründen der besseren Lesbarkeit wird in diesem
    Buch auf die gleichzeitige Verwendung männlicher,
    weiblicher und diverser Sprachformen verzichtet. So-
    weit es für die Aussage erforderlich ist, werden dabei
    alle Geschlechteridentitäten ausdrücklich mitgemeint.
    Der Autor ist sich der Gleichstellung in der Sprache
    bewusst und unterstützt diese.

4   In den 90er Jahren ging die Reise dann noch klima-
    schädlicher von Berlin über London nach New York.

5   Quelle: *LOHAS*. In: Wikipedia, Die freie Enzyklopädie. Bearbeitungsstand: 27.06.2021, 13:44 UTC. <https://de.wikipedia.org/w/index.php?title=LOHAS&oldid=214251578>.

6   Und weil ich so lange an diesem Buch geschrieben habe, musste ich im Wahlprogramm 2021 auch noch nachschauen. Auch hier wird das Auto nicht abgeschafft und es werden Arbeitsplätze gesichert.

7   Presseartikel zum Nachhaltigkeitsbericht Daimler 2016, Zitat von Ola Källenius, Vorstandsmitglied der Daimler AG für Konzernforschung & Mercedes-Benz Cars Entwicklung: ab 22. Mai 2019 Vorsitzender des Vorstands der Daimler AG. <https://media.daimler.com/marsMediaSite/ko/de/16310432> [letzter Zugriff: 01.11.2021].

8   Rede von Dieter Zetsche (Vorstandsvorsitzender der Daimler AG) auf dem Bundesparteitag der Grünen im November 2016. Zitiert aus: Schulte, Ulrich: *Daimler-Chef beim Grünen-Parteitag. Zuhören heißt nicht zustimmen*, taz, 13.11.2016. <https://taz.de/Daimler-Chef-beim-Gruenen-Parteitag/!5356989/> [letzter Zugriff: 01.11.2021].

9   Aus dem Nachhaltigkeitsbericht VW AG 2016, p. 7. <https://www.volkswagenag.com/presence/nachhaltigkeit/documents/sustainability-report/2016/VW_Nachhaltigkeitsbericht_2016_DE.pdf> [letzter Zugriff: 01.11.2021].

10 Aus dem Sustainable Value Report 2016 der BMW AG, p. 3. <https://www.bmwgroup.com/content/dam/grpw/websites/bmwgroup_com/ir/downloads/de/2016/2016-

BMW-Group-Sustainable-Value-Report-Deutsch.pdf> [letzter Zugriff: 01.11.2021].

11 Ebd.

12 Europäische Kommission (2001), *Grünbuch: Europäische Rahmenbedingungen für die soziale Verantwortung der Unternehmen*, p. 7. <https://eur-lex.europa.eu/legal-content/DE/TXT/PDF/?uri=CELEX:52001DC0366> [letzter Zugriff: 26.11.2021].

13 *The Friedmann doctrine – The social responsibility of business is to increase its profits*, New York Times, 13.09.1970. <https://www.nytimes.com/1970/09/13/archives/a-friedman-doctrine-the-social-responsibility-of-business-is-to.html> [letzter Zugriff: 01.11.2021].

14 Carroll, Archie B. (1991): *The Pyramid of Corporate Social Responsibility*. In: Business Horizons; Vol. 34, Issue 4, Juli/August 1991, p. 39–48.

15 Hammer, Richard (2015): *Unternehmensplanung. Planung und* Führung, 9. Auflage. Berlin: De Gruyter Oldenbourg, p. 263.

16 Gude, Hubert, et al.: *Täter und Komplizen*, Spiegel Online, 06.11.2015. <https://www.spiegel.de/wirtschaft/taeter-und-komplizen-a-a3ac7f06-0002-0001-0000-000139688865> [letzter Zugriff: 01.11.2021].

17 Deckwirth, Christina: *Abgasskandal: Autolobby setzt erneut Interessen in Brüssel durch*. <https://www.lobbycontrol.de/2016/02/abgasskandal-autolobby-setzt-erneut-interessen-in-bruessel-durch/> [letzter Zugriff: 01.11.2021].

18 Wenzel, Frank-Thomas: *Sieg für die Autolobby*, Frankfurter Rundschau, 08.11.2017, 19:14 Uhr. <https://www.fr.de/wirtschaft/sieg-autolobby-11001445.html> [letzter Zugriff: 07.11.2021].

19 Pinzler, Petra: *Was für eine peinliche Inszenierung*, Zeit Online, 02.082017, 20:40 Uhr, <https://www.zeit.de/wirtschaft/2017-08/dieselgipfel-vw-software-bundesregierung-autokonzerne> [letzter Zugriff: 07.11.2021].

20 *Autoindustrie lehnt Hardware-Nachrüstungen bei Diesel ab*, Süddeutsche Zeitung, 26.08.2017, 14:44 Uhr.
<https://www.sueddeutsche.de/wirtschaft/auto-autoindustrie-lehnt-hardware-nachruestungen-bei-diesel-ab-dpa.urn-newsml-dpa-com-20090101-170826-99-791277> [letzter Zugriff: 07.11.2021].

21 Seehofer: Es gibt in Deutschland eine Hexenjagd gegen Autos, Der Westen, 26.08.2017, 07:13 Uhr.
<https://www.derwesten.de/politik/seehofer-es-gibt-in-deutschland-eine-hexenjagd-gegen-autos-id211706647.html> [letzter Zugriff: 07.11.2021].

22 *Dobrindt – Fahrverbote nach Diesel-Gipfel weitgehend vom Tisch*, Reuters, 03.08.2017, 12:56 Uhr. <https://www.reuters.com/article/deutschland-diesel-dobrindt-idDEKBN1AJ1GV> [letzter Zugriff: 07.11.2021].

23 Etwaige Ähnlichkeiten mit tatsächlichen Begebenheiten oder lebenden oder verstorbenen Personen oder existierenden Firmen wären rein zufällig.

24 Hammer (2015, p. 263) [siehe Anm. 15].

25 Meldung zum *Image-Report 2014* der AUTO ZEITUNG,
    24.03.2015, 11:43 Uhr.
    <https://www.presseportal.de/pm/44122/2980653>
    [letzter Zugriff: 07.11.2021].

26 Jenewein, Andrea: *Kehrwoche in Stuttgart: Was hat es mit
    der Tradition auf sich?*, Stuttgarter Nachrichten,
    23.10.2018, 10:10 Uhr. <https://www.stuttgarter-
    nachrichten.de/inhalt.kehrwoche-in-stuttgart-was-hat-
    es-mit-der-tradition-auf-sich.9f113678-56d4-4ccc-b1e5-
    c0f715c5db92.html> [letzter Zugriff: 08.11.2021].

27 Ist wirklich so geschehen. Wenn man es nicht glauben
    möchte: in der Suchmaschine der Wahl „ICE hält nicht
    in Wolfsburg" eingeben.

28 <https://statistik.stadt.wolfsburg.de/Informationsporta
    l_15/Upload/Veroeffentlichungen/PDF/StadtWolfsburg
    _DatenFakten2020.pdf> [letzter Zugriff: 08.11.2021].

29 <https://en.vda.de/de/presse/Pressemeldungen/2018012
    9-Statement-des-Verbandes-der-Automobilindustrie--
    VDA--zu-Stickoxidtests.html> [letzter Zugriff:
    08.11.2021].

30 <https://en.vda.de/de/verband/ueber-den-verband.ht
    ml> [letzter Zugriff: 08.11.2021].

31 Seiwert, Martin/Reccius, Stefan: *Diesel-Skandal und
    Kartellverdacht. So abhängig ist Deutschland von der Auto-
    industrie*, Wirtschaftswoche, 27.07.2017.
    <https://www.wiwo.de/unternehmen/auto/diesel-
    skandal-und-kartellverdacht-so-abhaengig-ist-
    deutschland-von-der-autoindustrie/20114646.html>
    [letzter Zugriff: 08.11.2021].

32 Knape, Alexandra: *Saubere Luft oder sichere Arbeits-plätze?*, manager magazin, 31.07.2017, 12:21 Uhr. <https://www.manager-magazin.de/unternehmen/auto industrie/abgasskandal-umfrage-saubere-luft-oder-arbeitsplaetze-a-1160706.html> [letzter Zugriff: 08.11.2021].

33 Hammer (2015, p. 263) [siehe Anm. 15].

34 Schaltegger, Stefan, *Unternehmerisches Nachhaltigkeits-management. Wie „Unternehmensbürger" mit CSR zu einer nachhaltigen Entwicklung beitragen können*, forum Nach-haltig Wirtschaften 02/2007, <https://www.forum-csr.net/News/1209/UnternehmerischesNachhaltigkeits management.html> [letzter Zugriff: 29.11.2021].

35 Vgl. ebd.

36 Meyers Neues Lexikon, Band 7: *N–Pra*, Leipzig: Meyers Lexikonverlag, 1994, p. 194.

37 <https://www.duden.de/rechtschreibung/Angelegen heit> [letzter Zugriff: 03.01.2022].

38 Quelle: *Kommunikation*. In: Wikipedia, Die freie Enzy-klopädie. Bearbeitungsstand: 02.07.2021, 14:29 UTC. <https://de.wikipedia.org/w/index.php?title=Kommuni kation&oldid=213490239>.

39 Watzlawick, Paul (2007): *Menschliche Kommunikation, Formen, Störungen, Paradoxien*; 11., unveränderte Auf-lage. Bern: Huber.

40 Habermas, Jürgen (1981): *Theorie des kommunikativen Handelns* (Bd. 1: *Handlungsrationalität und gesellschaftli-che Rationalisierung*, Bd. 2: *Zur Kritik der funktionalisti-schen Vernunft*). Frankfurt am Main: Suhrkamp.

41 Vgl. ebd., p. 41.

42 Scheufele, Bertram (2007): *Kommunikation und Medien: Grundbegriffe, Theorien und Konzepte*. In: Piwinger, Manfred/Zerfaß, Ansgar (edd.): *Handbuch Unternehmenskommunikation*. Wiesbaden: Gabler, p. 89–122, hier p. 99.

43 Ebd.

44 Ebd.

45 Lobby Control (2017): Lobby Report 2017, p. 9. <https://www.lobbycontrol.de/wp-content/uploads/lobbyreport-lc-2017-web-1.pdf> [letzter Zugriff: 01.11.2021].

46 Ebd.

47 Scheufele (2007, p. 99) [siehe Anm. 42].

48 Gablers Wirtschaftslexikon, Revision von *Politik*, 19.02.2018, 15:41 Uhr. <https://wirtschaftslexikon.gabler.de/definition/politik-43947/version-267269> [letzter Zugriff: 01.11.2021].

49 Quelle: *Portal: Politik/Neu*. In: Wikipedia, Die freie Enzyklopädie. Bearbeitungsstand: 16.04.2021, 07:13 Uhr. <https://de.wikipedia.org/wiki/Portal:Politik/Neu> [letzter Zugriff: 01.11.2021].

50 Europäische Kommission (2001) [siehe Anm. 12].

51 Zimmermann, Thomas A.: *Shareholder Value und Stakeholder Value: Alternative Unternehmensführungskonzepte?*, Kurzreferat im Rahmen des Economic Policy Club von Prof. Dr. Michael Schmid an der Otto-Friedrich-Universität Bamberg am 12. Januar 1998, 18.00 Uhr, p. 1. <http://docplayer.org/4285696-Shareholder-value-

und-stakeholder-value-alternative-unternehmens
fuehrungskonzepte.html> [letzter Zugriff: 02.01.2022].

52 Ebd.

53 <https://www.volkswagenag.com/de/Investor–Rela
tions/shares/shareholder-structure.html> [letzter Zugriff: 01.11.2021].

54 <https://www.daimler.com/investoren/aktie/aktio
naersstruktur/> [letzter Zugriff: 01.11.2021].

55 Quelle: *Issue Management*. In: Wikipedia, Die freie Enzyklopädie. Bearbeitungsstand: 07.08.2019, 09:40 UTC.
<https://de.wikipedia.org/wiki/Issue_Management>.

56 *VW-Chef Matthias Müller: „Dieser Wahnsinn ist vorbei"*,
Handelsblatt, 10.12.2017, 08:00 Uhr.
<https://www.handelsblatt.com/unternehmen/industri
e/vw-chef-matthias-mueller-dieser-wahnsinn-ist-
vorbei/20689360.html> [letzter Zugriff: 01.11.2021].

57 *Auch Daimler nutzte Schummelsoftware*, RP Online,
25.05.2018. <https://rp-online.de/wirtschaft/auch-
daimler-nutzte-schummelsoftware_aid-22852855>
[letzter Zugriff: 01.11.2021].

58 Porter, Michael (2014): *Wettbewerbsvorteile – Spitzenleis-
tungen erreichen und behaupten*, 8., durchgesehene Auf-
lage. Frankfurt am Main: Campus, p. 61.

59 Quelle: *Wertschöpfungskette*. In: Onpulson Wirtschaftslexikon.
<https://www.onpulson.de/lexikon/wertschoepfungske
tte/> [letzter Zugriff: 02.01.2022].

60 Ebd.

61 Vgl. Porter (2014, p. 61–63) [siehe Anm. 58].

62 Porter (2014, p. 73) [siehe Anm. 58].

63 Vgl. Macharzina, Klaus (1995): *Unternehmensführung*,
    2. Auflage. Wiesbaden: Gabler, p. 830.

64 Vgl. Bea, Franz Xaver/Haas, Jürgen (2009): *Strategisches
    Management*, 5. Auflage. Stuttgart: Lucius & Lucius,
    p. 13.

65 Vgl. Steinmann, Horst/Schreyögg, Georg (2002): *Ma-
    nagement – Grundlagen der Unternehmensführung*,
    5. Auflage. Wiesbaden: Gabler, p. 169.

66 Porter, Michael E. (1980): *Competitive Strategy: Tech-
    niques for analyzing industries and competitors*, with a
    new introduction. New York: Free Press.

67 <https://www.tesla.com/de_DE/about> [letzter Zugriff:
    07.11.2021].

68 Schmidt, Katharina (2005), *Corporate Social Responsi-
    bility in der strategischen Unternehmensführung. Eine Fall-
    studienanalyse deutscher und britischer Unternehmen der
    Ernährungsindustrie*. Freiburg/Darmstadt/Berlin, Insti-
    tut für angewandte Ökologie, p. 39.
    <https://www.oeko.de/oekodoc/259/2005-011-de.pdf>
    [letzter Zugriff: 02.01.2022].

69 Vgl. ebd., p. 40.

70 <https://www.volkswagenag.com/de/group/strate
    gy.html> [letzter Zugriff: 07.11.2021].

Über den Autor

THOMAS TRESSEL, geb. 1971, ist Mitgründer und CEO der „grünen" Beratungsagentur Trepublica GmbH. Zuvor war er 16 Jahre Landesgeschäftsführer der Grünen im Saarland. Er hat große Erfahrung in der Leitung von politischen Organisationen, war Mitglied im Bundesfinanzrat der Grünen und hat viele Wahlkämpfe auf kommunaler, Bundes- und Landesebene gemanagt. In seinem Studium der Betriebswirtschaftslehre in Coburg und Hamburg beschäftigte er sich intensiv mit den Themen Corporate Social Responsibility, Organisationsentwicklung und Netzwerkzusammenarbeit im globalen Kontext. Zudem absolvierte er ein Fernstudium zum PR-Berater, das er 2004 erfolgreich abschloss.